Römerbauten in Trier

Porta Nigra
Amphitheater
Barbarathermen
Thermen am Viehmarkt
Kaiserthermen

GW00641911

KLAUS-PETER GOETHERT

FÜHRUNGSHEFT 20

Editition
Burgen, Schlösser, Altertümer
Rheinland-Pfalz

Edition Burgen, Schlösser, Altertümer
Rheinland-Pfalz

FÜHRUNGSHEFT 20

Herausgegeben von
Burgen, Schlösser, Altertümer Rheinland-Pfalz,
Landesamt für Denkmalpflege Rheinland-Pfalz und
Landesmedienzentrum Rheinland-Pfalz

Burgen, Schlösser, Altertümer	Landesamt für Denkmalpflege	Landesmedienzentrum
Rheinland-Pfalz	Rheinland-Pfalz	Rheinland-Pfalz
Festung Ehrenbreitstein	Erthaler Hof – Schillerstraße 44	Hofstraße 257c
56077 Koblenz	55116 Mainz	56077 Koblenz
Tel.: 02 61/9 74 24-44	Tel.: 0 61 31/20 16-0	Tel.: 02 61/97 02-0
Fax: 02 61/9 74 24-50	Fax: 0 61 31/20 16-1 11	Fax: 02 61/97 02-202

Die Deutsche Bibliothek – CIP-Einheitsaufnahme

Bibliografische Information Der Deutschen Bibliothek
Die Deutsche Bibliothek verzeichnet diese Publikation in der
Deutschen Nationalbibliografie; detaillierte bibliografische Daten
sind im Internet über http://dnb.ddb.de abrufbar.

1. Auflage 2003
Verlag Schnell & Steiner GmbH
Leibnizstraße 13
D–93055 Regensburg
Satz und Lithos: Visuelle Medientechnik GmbH, Regensburg
Druck: Erhardi Druck GmbH, Regensburg
ISBN 3-7954-1445-8

Inhalt

Ein Hilfsgesuch der Häduer, eines gallischen Volksstammes, der seine Wohngebiete mit dem Hauptort Bibracte in der Region des heutigen Autun besaß, veranlasste den Proconsul des römischen Volkes und Verwalter der Provinz Gallia Narbonensis – im Wesentlichen die heutige Provence, sie reichte jedoch nördlich fast bis Lyon und bis zum Genfer See – Caius Iulius Caesar im nördlich an die Provinz anschließenden Gallien zu intervenieren. Dafür gab es drei gute Gründe: Erstens waren die Häduer seit langem *amici populi romani* – Freunde des römischen Volkes, was kein leerer Titel, sondern Begriff für ein weitreichendes Bündnis war, zweitens hielt es jeder römische Politiker für gut, den Einfluss Roms zu mehren und drittens konnte Caesar auf diese Weise seine persönliche Position im Machtgefüge des Staatswesens stärken. Voraussetzung für die Richtigkeit der beiden letzten Gründe ist natürlich der Erfolg des Unternehmens, aber in dieser Hinsicht hatte Caesar keine Zweifel. Ursache des Hilfsgesuches war zunächst ein Einfall der Helvetier in den Lebensraum der Häduer, den Caesar vereitelte. Da wenig später die Sueben ähnliche Interessen an gallischem Gebiet zeigten, nutzte der römische Proconsul die Gelegenheit, ganz Gallien in seine Gewalt zu bringen. Im Rahmen dieser Feldzüge kam es zu ersten Kontakten mit den Treverern. Nach Caesar siedelten sie im Maas- und Moselraum. Die Stammesgrenze nach Osten bildete der Rhein. Je nach der innenpolitischen Lage innerhalb dieses Stammes standen die Treverer bald auf Caesars, bald auf der gegnerischen Seite. Caesar ertrug dieses Wechselbad mit einem bemerkenswerten Gleichmut. In seinen *commentarii* tadelt er den Stamm deswegen nicht. Städte und Ortschaften der Treverer erwähnt er übrigens nicht, obwohl die Archäologie große Siedlungen ausmachen konnte. Gründe für das Schweigen sind nicht bekannt. Nachdem Caesar die *tres galliae* als Provinzen dem römischen Staat einverleibt hatte, wandte er sich neuen Aufgaben zu; die römische Geschichtsschreibung verliert das Gebiet aus den Augen.

Nach Caesars Ermordung haben seine Gegner und seine Rächer Wichtigeres zu tun, als sich um die neugewonnenen Provinzen zu kümmern, zumal in Gallien wirklich beängstigende Aufstandsbewegungen nicht stattfinden; wohl gab es kleinere Geplänkel, die sich über einen längeren Zeitraum hinzogen. Nachdem Augustus die Bürgerkriegssituation berei-

Karte Galliens mit der Eintragung einiger keltischer Stämme, der Provinzgrenzen und der römischen Straße von der Rhonemündung über Trier nach Köln und Mainz. Caesar.

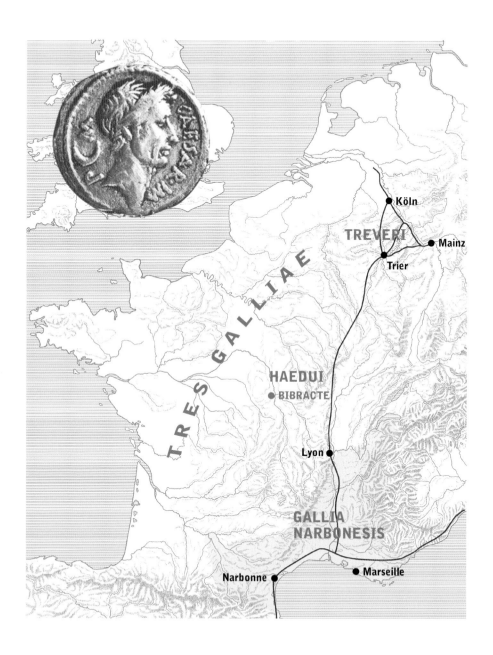

Köln

TREVERI

Mainz

Trier

TRES GALLIAE

HAEDUI

BIBRACTE

Lyon

GALLIA
NARBONESIS

Narbonne

Marseille

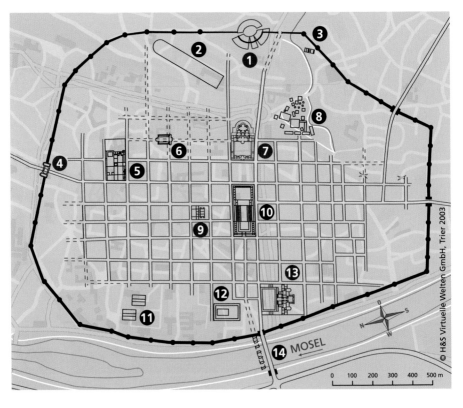

© H&S Virtuelle Welten GmbH, Trier 2003

1 Amphitheater
2 Circus
3 Tempel am Herrenbrünnchen
4 Porta Nigra
5 Dom

6 Palastaula
7 Kaiserthermen
8 Tempelbezirk im Altbachtal
9 Thermen am Viehmarkt
10 Forum

11 Horreas
12 Tempel am Moselufer
13 Barbarathermen
14 Römerbrücke

nigt hatte, wandte er sich gemeinsam mit seinem Mitstreiter und späteren Schwiegersohn Marcus Vipsanius Agrippa den Nordwestprovinzen zu. Zuerst wurden die letzten noch flackernden Widerstände bekämpft. Aus der Zeit dieser Kämpfe (30–29 v. Chr.) stammen Kulturreste auf dem Petrisberg östlich von Trier, wahrscheinlich Spuren eines römischen Lagers, von dem aus die in der Talweite gelegene Moselfurt überwacht werden konnte. Nach völliger Befriedung widmete man sich dem Fernstraßenbau. Natürlich bediente man sich alter keltischer Trassen, baute sie aus und ergänzte sie, um so durchgehende Straßen zum Beispiel von Marseille bis Mainz und Köln zu schaffen. Die Straße nach Mainz führte durch die damals dünn besiedelte Trierer Talweite an der Mosel entlang, vorbei an einer alten Flussfurt, die es erlaubte, hier die Straße nach Mainz mit der nach Köln und Reims durch eine Brücke zu verbinden. Die ersten Stämme für den Brückenbau wurden 18 v. Chr. geschlagen, im Folgejahr war er vollendet. Am linken Moselufer mussten zur Herstellung der Straßentrasse in Richtung Bitburg die Rotsandsteinfelsen weiträumig abgearbeitet werden, bis die Straße in das ‚Falsche Biewertal' einmündete, um von dort zur heutigen Bitburger Straße anzusteigen. Der dabei anfallende Rotsandsteinschrott wurde offensichtlich zur Schotterung der ersten Baustraßen der Stadt verwendet. Dies setzt die Fertigstellung der Brücke voraus, weil der Steinschotter kaum zu Schiff über die Mosel gebracht worden ist. Die Fertigstellung der Brücke im Jahre 17 v. Chr., die ihrerseits im Rahmen des Straßenbauprogrammes errichtet wurde, gibt folglich mit höchster Wahrscheinlichkeit das Gründungsjahr der Stadt an. Deren Straßen wurden nach einem komplizierten System, das hauptsächlich auf den Proportionsgesetzen des griechischen Mathematikers Pythagoras beruht, eingemessen und auf die Tag- und Nachtgleiche am 21. März beziehungsweise am 23. September ausgerichtet. Da Augustus, der Namensgeber der Stadt, am 23. September geboren ist, dürfte dieser Tag auch **der Tag** sein, der in der Folgezeit in Trier gemäß der Überlieferung als Geburtstag der Stadt noch zu Kon-

Augustus

7

stantins Zeiten gefeiert wurde. Für die Römer ist das Jahr 17 v.
Chr. auch deshalb politisch bedeutsam, weil in diesem Jahr
eine mehrtägige Jahrhundertfeier begangen wurde.

In den Jahren 16–13 v. Chr. bereiste Augustus mit seinem Bera-
ter und Freund Agrippa die gallischen Provinzen, um den Fort-
schritt der Straßenbauarbeiten persönlich in Augenschein zu
nehmen.

Die archäologischen Funde aus dem Stadtgebiet – darunter
eine Ehreninschrift für die früh verstorbenen Enkel des Augustus, Caius und Lucius Caesar, vom Jahre 4 n. Chr. – bezeugen
das schnelle Wachstum der Stadt, deren für jede Form des Han-
dels günstige Lage von den Treverern sofort erkannt und
genutzt wurde. Da Rom zu leider unbekannter Zeit auch den
Sitz des Finanzprokurators – zuständig für die Verwaltung der
steuerlichen Einnahmen und die Finanzverwaltung – nach
Trier legt, gewinnt der Ort an politischer Bedeutung.

Trotz des an den archäologischen Zeugnissen ablesbaren Wirt-
schaftswachstums verschulden sich einige gallische Stämme
erheblich; die Treverer und ausgerechnet die Häduer, für die
Caesar einst eingetreten war, wagen im Jahre 21 n. Chr. einen
Aufstand, der jedoch schnell niedergeschlagen wird. So hoch
wie von den Aufständischen behauptet, kann freilich die Schul-
denlast nicht gewesen sein, denn der römische Geograph Pomponius Mela kann die Stadt Trier im Jahre 44 als sehr wohl-
habend bezeichnen.

Noch einmal treten die Treverer durch einen Aufstand ins Licht der Geschichtsschreibung: Im Jahre 69 schließen sie sich, wahrscheinlich um ihren Wohlstand selbst zu genießen, einem Aufstand der Bataver an, die jene Bürgerkriegsunruhen, die seit dem Tode Neros das Imperium Romanum erschüttern, ausnutzen wollten, um politische Selbständigkeit zu erringen. Der Aufstand wird in mehreren Schlachten niedergeschlagen. Die letzte, entscheidende findet vor der Stadt Trier auf der alten, immer noch bestehenden Moselbrücke und auf dem linken Moselufer im Jahre 71 statt.

Nach Beendigung des Bürgerkrieges fördert der neue Kaiser Vespasian, wohl zur Vermeidung weiterer Aufstände, das Stammesgebiet der Treverer und ihre Hauptstadt durch ein Aufbauprogramm, das archäologisch fassbar wird durch die Ausweisung neuer Baugebiete in der Stadt, die Errichtung einer neuen Brücke noch im Jahre 71 – sie ist dendrochronologisch datiert – und den Ausbau des Forums: Die Forumsbasilika stammt wahrscheinlich aus dieser Zeit. Auch sonst entwickelt sich eine rege Bautätigkeit in Stadt und Land.

Einige Jahre später scheint ein folgenschwerer Schritt von der römischen Staatsverwaltung gemacht worden zu sein, der freilich nicht von der Geschichtsschreibung überliefert ist, für des-

Die Basaltpfeiler des 2. Jh. tragen heute noch die Fahrbahn der Moselbrücke.

9

sen Durchführung jedoch die Ergebnisse der Bodenforschung sprechen. Der Sitz des Provinzverwalters, des *legatus Augusti pro praetore*, ist wahrscheinlich unter Kaiser Hadrian (117–138) nach Trier verlegt worden. Anders ist die Tatsache, dass vier Wohnblöcke – auf einem von ihnen stand ein prächtiges Wohnhaus mit hervorragenden Wandmalereien – zu einem großen Komplex von 240 m x 215 m zusammengefasst werden, nicht zu erklären. Eine große Empfangshalle (24,5 m x 15 m) wird über einer Nord-Süd-Straße errichtet. Ein Regierungsviertel ist entstanden. Unter dem nächsten Kaiser, dessen Wichtigkeit für Trier durch das Marmorporträt eines seiner Söhne bezeugt ist, Antoninus Pius (138–161), schreitet der Ausbau der Stadt fort: Die Brücke, deren Pfeiler heute noch stehen, wird 144 errichtet; sie ist ebenfalls dendrochronologisch datiert. Die Breite der über sie hinweg geführten Straße von fast zehn Metern übertrifft diejenige der älteren Brücke um ein Drittel. Eine ca. 6420 m lange repräsentative Stadtmauer umgibt jetzt weiträumig den Stadtkern; 285 ha sind umschlossen. Bis zu diesem Zeitpunkt besaß Trier keine Mauer. Sie entsteht jedoch nicht auf Grund einer drohenden Kriegsgefahr: Sie wird nämlich ohne die für solche Situationen typischen wiederverwendeten Materialien errichtet. Offensichtlich wurde die Mauer in Friedenszeiten geplant und gebaut. Dies beweist auch die Tatsache, dass ein Abschnitt der Südmauer im Bereich des Töpfereigebietes (in der heutigen Töpferstraße nahe der Mosel)

wahrscheinlich aus gewerbepolitischen Gründen zunächst auf 45 m Länge offen blieb und erst später, zu einem unbekannten Zeitpunkt, mit schlechtem Mauerwerk geschlossen wurde. Das Hauptgewicht der Tore liegt dementsprechend auf ihrem Repräsentationscharakter, nicht auf ihrer Verteidigungsfähigkeit, denn die Tortürme sind nach Ausweis der **Porta Nigra** nicht in der Art der Mauer aus kleinen Steinen, die einen festes Gussmauerwerk verblenden, aufgeführt, sondern aus den großen Quadern der eindrucksvollen Durchfahrtsbauten. Auch die Säulenarchitektur wird übernommen. Die Bauform der seitlichen Tortürme steigert somit den repräsentativen Charakter der Durchgänge. Fünf Tore gewährten einst Zugang in die Stadt: Ein Nordtor, die Porta Nigra, die heute noch steht, ein Südtor, im Mittelalter Porta Media[na] (Mittleres Tor) genannt, ein Südosttor (Porta Alba, Weißes Tor), ein Westtor bei der Brücke (Porta Inclyta, Berühmtes Tor), ein Tor südlich des **Amphitheaters;** das Theater selbst diente als Nebentor. Von diesen zerstörten Toren sind lediglich die Fundamente des Südtores bekannt, der Standort der übrigen ist durch den Straßenverlauf erschlossen.

Der Wehrgang der Stadtmauer lag 20 römische Fuß (= 5,92 m) über dem Durchgangsniveau der Tore, die Zinnen dürften ohne Abdeckung 6 Fuß (=1,77 m) hoch gewesen sein: Im Wehrgangsbereich war die Mauer 10 Fuß = 2,96 m stark, im unteren 12 Fuß (=3,55 m). Der Übergang wurde durch eine Abschrägung (Dossierung) hergestellt. Das Fundament war bis zu 4 m breit und bis 2,5 m tief. Zahlreiche Rundtürme von 8,70 bis 10,45 m Durchmesser – im Abstand von 72 bis 114 m – sicherten die Mauer. Nachgewiesen sind 18 der mindestens 44 Türme. Ihre Standorte sind jeweils dort zu suchen, wo die Nord-Süd- und die Ost-West-Straßen gegen die Mauer laufen. Bei der Erbauung der Mauer hob man zunächst einen Fundamentgraben aus, dessen Erd- und Steinmaterial stadtseitig aufgehäuft wurde. Dann brachte man das Fundamentmaterial ein – Kalksteine und Kalkmörtel – und setzte darauf als zweischaliges Mauerwerk die eigentliche Mauer, ebenfalls aus Kalksteinen und Kalkmörtel errichtet. Die kleinen sichtbaren so genannten Handquadern der Blendschicht waren sorgfältig gesetzt und ebenso sorgfältig verfugt. Als Dekor wurde ein ‚Fugenstrich' eingeritzt, eine Rille, die mit roter Farbe nachgezogen ist. Anschließend schüttete man den Fundamentaushub, vermischt mit Bauschutt, von innen als schräg ansteigende Berme von etwa 10 m Breite gegen die Mauer. Davor begleitete eine Ringstraße dieselbe. Außen umgab ein Grabensystem die Anlage, das immer wieder, zuletzt im 4. Jahrhundert, erneuert wurde: Vor der Mauer lag landseitig ein etwa 5 m breiter ebener Erdstreifen, darauf folgte ein doppelter Graben von 9 und 13 m Breite und 3 – 4 m Tiefe. Wohl in der Spätantike wurde im Rahmen der Instandsetzungsarbeiten, die bei einem über 100-jährigen Bauwerk immer anfallen, an einigen Stellen

Marc Aurel

Seite 14:
Ansicht der
römischen Stadtmauer
bei der Straße
„Schießgraben".

Seite 15:
Das Mittelbild des
Polydusmosaiks,
das in einem für die
Errichtung der Kaiser-
thermen zerstörten
Wohnhaus einen
Boden schmückte,
kann als ein Zeugnis
des Trierer Cirkuslebens
gelten.

noch ein dritter, etwas breiterer Graben von ca. 5 m Tiefe vor-
gelegt.

Die Entstehungszeit der Mauer ist durch zahlreiche Funde
gesichert. Besonders hervorzuheben ist die Beobachtung, dass
die südlichen Ausläufer des nördlichen Gräberfeldes unter
dem Simeonstiftgebäude – nach den keramischen Beigaben der
dort aufgefundenen Gräber zu urteilen – bald nach der Mitte
des zweiten Jahrhunderts n. Chr. aufgegeben und von der
Stadtmauer überbaut wurden.

Zum Ausbauprojekt, das auch unter Mark Aurel (161–180) fort-
gesetzt wurde, gehörte damals auch die Errichtung der
Barbarathermen, des **Amphitheaters,** des Circus und jenes
Gebäudes unbekannter Nutzung, das in der Spätantike zu einer
Thermenanlage **(Thermen am Viehmarkt)** umgebaut wird.
Der Wohlstand ist auch sonst deutlich zu spüren: Häuser werden renoviert, Mosaikböden verlegt, ihre Wände mit schönen
Malereien versehen. Während der Durchführung der Baumaß-
nahmen änderten sich die politischen Verhältnisse: 167 durch-
brechen die Quaden und Markomannen die Donaugrenze und
stoßen plündernd bis Oberitalien vor. Die Kämpfe dauern bis
180 an. Eine endgültige militärische Bereinigung der Situation
gelingt nicht, weil die Truppen durch eine aus dem Orient ein-
geschleppte Pest nicht ihre volle Schlagkraft entfalten können.
Vorher, im Jahre 162, waren bereits chattische Plünderer in
Obergermanien eingefallen. Um 175 musste Niedergermanien

Septimius Serverus

13

15

einen Ansturm der Chauken aushalten. Der äußeren Bedräng-
nis folgte die innere: Fahnenflüchtige versuchten einen Bür-
gerkrieg zu führen (185/86). Ein Gegenkaiser gegen Septimius
Severus (193–211), Clodius Albinus, findet auch Gefolgsleute in
Gallien, so dass auch dort Unruhen ausbrechen. Die Lage
beruhigt sich erst wieder nach 197, als Albinus besiegt war.

Danach setzte in Trier eine zweite Blütezeit ein, deren äußeres Kennzeichen die Verlegung zahlreicher Mosaiken in Stadt und Land ist. Ebenso werden viele Bauernhäuser und Villen großzügig ausgebaut. Diese glückliche Periode endet im Jahre 260. Damals errichten römische Heerführer ein gallisches Sonderreich, nachdem 256/57 Franken und wohl auch Alamannen mit einigem Erfolg den Kölner Raum verwüstet hatten. Hauptstadt des Sonderreiches war wahrscheinlich Trier. Hier wurde jetzt auch wieder eine Münzprägestätte angesiedelt. Die bis dahin letzten Münzen waren in Trier etwa 10 v. Chr. geschlagen worden. In dieser Zeit verfällt der Legatenpalast. Bewusst wählen die neuen Herrscher – zum Beispiel Postumus (260–269) und Viktorinus (269–271) – ein neues Domizil. Dennoch wollen die Usurpatoren nicht eigentlich von Rom abfallen, es ist vielmehr ihr Ziel, die den Galliern verhassten Germanen besser abwehren zu können. In Rom freilich wird das anders verstanden: Truppen werden geschickt, bürgerkriegsähnliche Zustände treten auf. Diese sind 274 beendet. Die Zeit nützen die Alamannen, um weite Gebiete des Trevererlandes und andere gallische Gebiete zu plündern. Sie stoßen bis Bordeaux vor. Die Bevölkerung des Trierer Landes hat sehr gelitten; ob auch die Stadt betroffen war, ist unsicher.

Die Lage klärt sich erst wieder mit den Reformen des Diokletian (284/85–305). Maximian, zunächst Caesar (Unterkaiser), seit 286 Augustus (Mitkaiser), erwählt Trier zu seiner Haupt-

Diokletian

17

stadt und beginnt eine großzügige Ausbauplanung. Er lässt den verfallenen Legatenpalast niedergelegen und plant den Bau eines Residenzviertels. Zahlreiche Bürgerhäuser werden in den nächsten Jahren von Grund auf großzügig erneuert. Unter dem Caesar Konstantius Chlorus (293–305) wird dieses Bauprogramm fortgeführt. Die große Empfangshalle des Kaiserpalastes (Basilika), deren Grundsteinlegung vielleicht noch unter Maximian erfolgte, wird über der abgetragenen Empfangshalle des Legatenpalastes hochgezogen, die Errichtung der **Kaiserthermen** in Angriff genommen. Auch deren Planung geht wahrscheinlich auf Maximian zurück. Die Ambitionen des Sohnes und Nachfolgers des Konstantius, Konstantin (305–337), in Italien nach 312, besonders nach 316, und seit 324 in seiner neuen Hauptstadt Konstantinopel lassen dessen Interesse an Trier erlahmen. Er hinterlässt eine Bauwüste unvollendeter Projekte: An Thermen und Basilika wird nicht oder nur langsam weitergebaut. Die Thermenanlage wird schließlich zur echten Bauruine. Der Rohbau der Basilika scheint abgeschlossen worden zu sein.

Bei der frühchristlichen Bischofskirche verhält es sich anders. Nachdem im zweiten Jahrzehnt des vierten Jahrhunderts eine erste dreischiffige Basilika errichtet worden war, begann man in den dreißiger Jahren desselben Jahrhunderts mit einem großzügigen Erweiterungsbau, der schließlich aus vier um mehrere Innenhöfe gruppierten Basiliken und einem Baptis-

Innenansicht der Basilika, der unter Gratian vollendeten großen Empfangshalle des Trierer Kaiserpalastes.

terium bestand. Die Anlage zählte zu einem der größten Kirchenkomplexe des vierten Jahrhunderts. Der an der Stelle des heutigen Domes in den vierziger Jahren vermutlich unter Constans (337–350) begonnene so genannte Quadratbau dagegen, für dessen Errichtung man die Nord-Ost-Basilika niederlegte, erlitt ein ähnliches Schicksal wie die beiden genannten Großbauten: Er kam über eine Mauerhöhe von etwa vier Meter nicht hinaus und blieb eine Bauruine.

Im Jahre 353 kommt es noch einmal zu einem schweren Germaneneinfall. Mit der valentinianischen Dynastie (364–383) kommt die Beruhigung. Vor allem Gratian (367–383) unternimmt große Anstrengungen, der Stadt wieder ein Gesicht zugeben. Der Quadratbau im Bereich des Domes wird mit leichten Veränderungen fertiggestellt, der Bau des Kaiserpalastes mit seiner großen Aula (Basilika) offenbar plangetreu abgeschlossen. Der als neue Thermenanlage geplante Großbau erscheint als überflüssig; nach einer Planänderung wird er wahrscheinlich als Kaserne der Palastgarde eingerichtet. Wohl als Ersatz wird ein Gebäude des 2. Jahrhunderts in eine Thermenanlage umgebaut **(Thermen am Viehmarkt)**.

Trier erlebt in dieser Zeit eine wirkliche Blüte. Der Rhetoriklehrer, Dichter und Prinzenerzieher Ausonius weilt am Kaiserhof, kirchliche Würdenträger wie Martin von Tours, Athanasius und Hieronymus halten sich in Trier auf.

Ansicht der Nordseite des Trierer Domes: der römische Quadratbau mit der romanischen Erweiterung und seinen barocken Fenstern.

Gratian

Die Erholung auf politischem und kulturellem Gebiet ist jedoch nicht von Dauer. Gratian wird in Lyon ermordet. Sein Mörder und Nachfolger Magnus Maximus (383–388) regiert nur kurz.

Valentinian II. (388–392) übernimmt als echter Rechtsnachfolger den Thron. Der junge Mann ist jedoch den politischen Problemen seiner Zeit nicht gewachsen und erhängt sich, erst 21-jährig, im Trierer Palast. Die politischen Wirren nehmen ihren Fortgang: Trier verliert seinen Rang als Kaiserresidenz (394/95); später wird auch die Verwaltung abgezogen. Nach schweren Germaneneinfällen, die die Stadt fast völlig zerstören, wird der Ort spätestens um 466 aufgegeben. Allein die bischöfliche Verwaltung harrt aus, der Bischof wird zum ruhenden Pol und somit zum Kontinuitätsträger.

Porta Nigra

Die Porta Nigra, das Wahrzeichen Triers, kann als eines der bekanntesten antiken Baudenkmäler nördlich der Alpen gelten. Der Name des Tores – „Schwarzes Tor" – ist nicht antik. Er wird verwendet, seit der Bau – im Jahre 1030 zur Klause des Simeon umgewidmet – kirchlichen Zwecken diente. Die ältere, frühmittelalterliche Bezeichnung „Porta Martis" erscheint seitdem kaum noch in den Urkunden. Eine geweihte Stätte konnte nicht in einem Gebäude eingerichtet werden, das den Namen des heidnischen Kriegsgottes trug. Eine Entsühnung des Gebäudes hatte man freilich schon vorher durch die Weihe einer Michaels- beziehungsweise einer Georgskapelle vorgenommen. Erst die Gelehrten des Spätmittelalters und der frühen Neuzeit kehren wieder zum Begriff „Porta Martis" zurück. Aber auch dieser ist nicht alt. In römischer Zeit wurden die Tore nach den Zielorten der Straßen, die durch sie hindurch führten, bezeichnet. Der Bau wird also „Koblenzer" oder „Mainzer Tor" genannt worden sein.

Porta Nigra und Simeonstift aus der Luft.

Porta Nigra, Ansicht der Stadtseite heute.

Porta Nigra, Ansicht der Stadtseite in der Spätantike.

PORTA MARTIS ET NIGRA ROMANORVM
Nunc in Templum Canoricale S. Simeonis
Transformata

Porta Nigra, Ansicht der Stadtseite im 17. Jahrhundert als Simeonskirche. Kupferstich von Caspar Merian. Nach 1646.

ENTSTEHUNGSZEIT

Für die Daten der Grundsteinlegung und Fertigstellung des Tores liegen keine historischen Zeugnisse vor. Für die Fixierung dieser Eckpunkte können jedoch die archäologische Forschung und die Bauforschung eindeutige Hinweise geben. Wichtiger Ausgangspunkt aller Überlegungen ist die Tatsache, dass das Tor mit der Stadtmauer im Verband steht (siehe Standorte 3a, 3b und 4). Ein zweiter Hinweis ergibt sich aus der Tatsache, dass im Steinabfall, der während der Arbeit an der Porta Nigra als Werksteinschrott anfiel, Keramik des letzten Drittels des 2. Jahrhunderts nach Christus (etwa 160–200 n. Chr.) aufgelesen wurde. Innerhalb dieses Zeitraumes muss der Torbau errichtet worden sein. Conradin Sturm hat jüngst versucht, den zeitlichen Spielraum mit Hilfe eines dendrochronologisch datierten Befundes am westlichen, der Stadt gegenüber liegenden Brückenkopf der Römerbrücke einzuengen und den Baubeginn der Stadtmauer auf das Jahr 157 n. Chr. festzulegen.

25

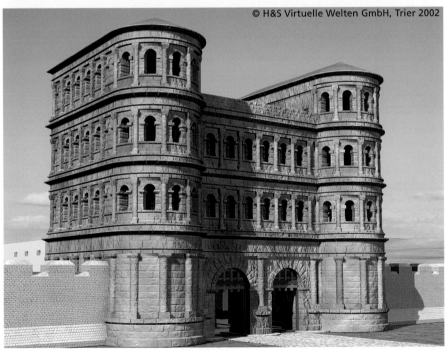

Porta Nigra, Ansicht der Landseite des Tores Beziehungsweise der Simeonskirche um 1793. Aquarell von Lothary. Trier, Städtisches Museum.

Dieses Datum liegt durchaus im Rahmen der Möglichkeiten, zu bedenken ist allerdings, dass der Befund am Brückenkopf lediglich einen direkten Bezug zur Brücke besitzt und nicht zur Stadtmauer. Das in Trier immer wieder ins Gespräch gebrachte Brückentor auf dem Westufer ist nicht nachgewiesen. Ebenso wenig ist bis heute der Stadtmauerverlauf auf dem stadtseitigen Ufer der Mosel im Bereich des Brückenkopfes bekannt, so dass das Verhältnis von Brücke und Stadtmauer völlig ungeklärt ist.

LÄNGE DER BAUZEIT

oben:
Porta Nigra, Ansicht der Landseite heute.

unten:
Porta Nigra, Ansicht der Landseite in der Antike mit dem Stadtmaueranschluss.

Angaben zur Länge der Bauzeit können ebenfalls nicht gemacht werden. Die Baumaterialien von Stadtmauer und Tor – nur einheitlich neuwertige Baustoffe, keine wiederverwendeten Steine – zeugen davon, dass zügig, aber ohne hastige Eile gebaut wurde. Eine kriegerische Bedrohung wurde nicht empfunden: Dies zeigt, wie eingangs erwähnt, auch die Tatsache, dass ein südlicher Abschnitt der Stadtmauer im Bereich des Töpfereigebietes lange Zeit offengehalten wurde. Keinesfalls wurde länger als 7,25 Jahre zu je 250 Arbeitstagen an der Porta

27

Nigra gebaut; das ergibt sich aus einer Hochrechnung auf Basis des Bauvolumens und der Tagesdaten (dazu siehe Standort 14). Ca. 5300 m³ Quaderwerk musste erstellt werden. Die durchschnittliche Quadergröße liegt bei 0,75 m³. Es waren demnach einschließlich der Deckenträger, die in der Kubatur nicht berücksichtigt sind, annähernd 7200 Steine zu versetzen. Die Tagesdaten zeigen, dass mit einer Tagesleistung von vier Steinen, das heißt mit 1800 Arbeitstagen gerechnet werden kann, denn dreimal – auf den Pfeilern III, IV und VI – sind Steine mit dem 28. Juli gekennzeichnet, und mindestens ein Stein des inschriftlosen Pfeilers V muss am selben Tag versetzt worden sein. Bei einem Arbeitsjahr von 250 Tagen sind dies 7,2 Jahre. Nimmt man den Tagesdaten-Abschnitt (= die Rundung eines Torturmes) als Grundlage für eine Bautrupp-Einteilung, so kann man den Grundriss des Tores in etwa 15 gleichwertige Bauabschnitte zerlegen und muss dann mit einer Tagesleistung von 60 Bausteinen rechnen. Im letztgenannten Fall wäre das Tor in einem halben Arbeitsjahr, nämlich in 120 Tagen, fertiggestellt gewesen. An eine kürzere Bauzeit kann nicht gedacht werden, da zu viele Arbeiter sich gegenseitig behindern würden. Die Beispielrechnung zeigt, wie sehr die Bauzeit abhängig ist von der Anzahl der an der Baustelle Beschäftigten. Da sich für die Bauorganisation vor Ort eine Einteilung in sechs Lose als besonders günstig erweist, dürfte mit einer durchschnittlichen Tagesleistung von 24 Blöcken zu rechnen sein. Die Bauzeit wäre dann auf 1,2 Jahre zu schätzen.

DAS UNVOLLENDETE TOR

Die unfertigen Bauformen, auf die beim Rundgang noch mehrfach aufmerksam gemacht werden wird, können nicht als künstlerisch gewollt interpretiert werden. Sie sind entweder ein Zeugnis eines überhasteten Abschlusses der Bauarbeiten oder ein Hinweis auf finanzielle Engpässe der Bauherrn, das heißt der Stadt und der Provinzverwaltung. Als Grund für die zuerst genannte Annahme könnte eine der Stadt im Jahre 196/97 drohende Belagerung durch aufständische Truppen, die den Gegenkaiser Clodius Albinus unterstützten, angeführt werden.
Die 22. Legion eilte aus Mainz zu Hilfe. Die Stadt bedankte sich auf einer in Mainz gefundenen Inschrift für den Entsatz. Für die zweite Hypothese, die Conradin Sturm ins Gespräch brachte, spricht die Tatsache, dass auch das Rhein-Mosel-Gebiet von

Porta Nigra,
Landseite, Toreinfahrt
und Westturm

den Auswirkungen der Pestepidemie, die aus dem Orient ein-
geschleppt worden war, betroffen war. Zwischen 170 und 192
herrschten vor allem im Rheingebiet bürgerkriegsähnliche
Zustände, die gewiss Finanznöte auslösten.

DIE SIMEONSKIRCHE

Das römische Tor – Simeon, der Eremit – Erzbischof Poppo
Mit dem Niedergang der römischen Macht im Laufe des
5. Jahrhunderts war die Stadtbefestigung, die sich mangels Ver-
teidiger schon in den Völkerwanderungsstürmen als nutzlos
erwiesen hatte, überflüssig und wurde bald als Steinbruch
benutzt. Die Abbrucharbeiten an der Porta Nigra waren noch
im Gange – lediglich das 3. Obergeschoss des Ostturmes war
schon ganz verschwunden – und man arbeitete an der Abtragung des 2., als durch eine neue Nutzung des Gebäudes die
Vernichtung, wie sie den anderen römischen Toren der Stadt
erfahren haben, gestoppt wurde.

Simeon, ein in Sizilien um 990 geborener Sohn eines oströmi-
schen Militärangehörigen, kam als Gesandter des Sinai-Klos-

Die Vorhalle der
Unterkirche der
ehemaligen
Simeonskirche im
1. Obergeschoss des
Westturmes mit den
Heiligen-Reliefs bei
Standort 6.

30

Romanischer Gewölbe-
keller im Erdgeschoss
des Ostturmes unter
der Krypta der Unter-
kirche. Im Hintergrund
der Zugang zum Ort
der Klause.

ters durch vielerlei Zufälligkeiten am Ende des Jahres 1027
nach Trier, wo er die Bekanntschaft des damaligen Erzbischofs
Poppo von Babenberg (1016–1047) machte. Freundschaftlich
verbunden begleitete er ihn auf einer Pilgerfahrt (1028–1030)
zu den heiligen Stätten Palästinas und kehrte mit ihm zusammen nach Trier zurück. Poppo hatte ihn auf der Reise wohl
davon überzeugt, in Trier als Eremit zu leben. Im Ostturm der
Porta Nigra bezog der Mönch am Andreastag, am 30. November
des Jahres 1030, eine *cellula*. Lange lebte er dort nicht, denn er
starb bereits am 1. Juni 1035. Der Erzbischof ließ ihn seinem
Wunsch entsprechend in seiner Klause bestatten, überzeugte
die Trierer von seiner Heiligmäßigkeit, veranlasste in Rom
seine Heiligsprechung und weihte im Jahre 1042 einen Altar im
ehemaligen Stadttor, das so zur Pilgerkirche wurde. Auch der
Erzbischof fand nach eigenem Willen später seine letzte Ruhe-
stätte beim Grab des Heiligen.

31

Große Teile der angrenzenden, ebenfalls 1042 zum erstenmal urkundlich erwähnten Stiftsgebäude müssen bereits damals errichtet worden sein. Sie sind nämlich älter als die mittelalterliche Stadtmauer (hier wohl nach 1242) und stehen zum Teil auf den Resten der römischen Umwallung.

Der Rest des Tores war für den Umbau in eine Kirche, besonders auch in eine offenbar von vornherein geplante zweigeschossige Anlage, hervorragend geeignet. Der Westturm bildete ein Westwerk, der Hof – mit hölzernen Zwischendecken versehen – das Mittelschiff, die Wehrgänge die Seitenschiffe und der Ostturm einen zunächst noch plattgeschlossenen Chor. Ob der Hof im Untergeschoss vollständig zugeschüttet wurde, ist zweifelhaft; dagegen sprechen die Durchbrüche für zwei Türen oberhalb des Sockels (siehe Standort 2), dafür die späteren Nachrichten von Bestattungen unter dem Kirchenboden. Möglicherweise wurde auch eine Art Gruft angelegt. Unter Erzbischof Albero von Montreuil (1131–1152) erhielt die Kirche durch den Anbau einer Apsis im Osten, die Einziehung der zum Teil noch vorhandenen Gewölbe und die Errichtung eines Turmes über dem Westwerk (man beachte den Stich Merians) die heute erkennbare Gestalt. Selbstverständlich fanden in den folgenden Jahrhunderten immer wieder Instandsetzungsarbeiten statt. An der letzten großen Neugestaltung, die in den Jahren 1746–60 durchgeführt wurde, war der Trierer Weihbischof und Historiker Johann Nikolaus von Hontheim entscheidend beteiligt. Er finanzierte die Bildhauerarbeiten an der Unterkirche und zeichnete wohl auch für das Bildprogramm in der Vorhalle der Unterkirche verantwortlich. Die Kirche wurde auch neu stuckiert und erhielt eine reiche farbige Fassung. Mit Stolz konnte von Hontheim daher sagen: „Die Kirche, die ich als junger Mann als reinen Steinbau gesehen habe, habe ich im Alter als fast goldene angeschaut."

Die Zerstörung der Kirche

50 Jahre später begann der Untergang der Kirche. Französische Revolutionstruppen besetzten 1794 die Stadt. Seit dem 13. August durften keine Gottesdienste mehr gehalten werden, die Altäre wurden umgestürzt. Bald schmolz man die Bleiplatten des Kirchendaches zu Gewehrkugeln um. 1802 erfolgte die Auflösung des Stiftes. 1803 wurden die Gebeine des hl. Simeon und des Poppo in die im Zweiten Weltkrieg zerstörte Gervasiuskirche in der Neustraße überführt. Vom 6.–9. Oktober 1804 hielt sich Napoleon in der Stadt auf. Zu seinen Ehren wur-

den wichtige Gebäude und Plätze der Stadt mit über 50 000 Lampen ‚illuminiert‘, unter anderem auch die Simeonskirche. Diese lernte er am 8. Oktober kennen, als er durch das Simeonstor nach einem Ausritt in die Umgebung Triers die Stadt von Norden betrat. Ein zeitgenössischer Bericht beschreibt die Szene. *Von da ritt der Kaiser zum Simeonstore hinein, besahe das alte Comitium (gallisches und nachher römisches Rathaus, die bekannte Simeonskirche), über deren Conservation und Herstellung in den alten Stand, wie dieses Gebäude unter den Galliern sich befand, der Munizipal-Rath eine besondere Denkschrift eingereicht hatte, und begab sich endlich zurück in den kaiserlichen Pallast.* Die Denkschrift, die den damaligen Forschungsstand spiegelt, erreichte ihr Ziel: Ende November gab Napoleon den Auftrag, alles abzutragen, was dem Gebäude seit seiner Einrichtung zur Kirche hinzugefügt worden war.

Im Juli 1805 begann man mit dem Abbruch des Daches und der Abtragung der Anschüttungen.

Nach 1815 setzte die preußische Regierung die Freilegungsarbeiten fort. Man plante zunächst, dem Tor seine Funktion zurückzugeben, was auch über kurze Zeit nach 1822 geschah. Das römische Straßenniveau war damals freilich noch nicht erreicht. Vorher, mit einem Schreiben vom 18. März 1819, hatte sich der preußische Denkmalpfleger der Stadt, Carl Friedrich Quednow, dafür mit Erfolg eingesetzt, die romanische Apsis zu erhalten. Denkmalpflegerische Überlegungen, verbunden mit der Freilegung des Baues bis auf das römische Niveau – dies entspricht dem heutigen Zustand –, und die Tatsache, dass durch die neuen Zollbestimmungen ein verschließbares Tor überflüssig wurde, führten nach 1875 dazu, dass die Straße um das Tor herum gelegt wurde.

1822 erhielt das Gebäude noch eine zusätzliche Nutzung: Das Antikenkabinett der preußischen Regierung wurde im Ostturm untergebracht, wo die Exponate bis zu ihrer Überführung in das heutige Rheinische Landesmuseum 1889 verblieben. Die 1801 gegründete Gesellschaft für nützliche Forschungen wollte ebenfalls ihre Sammlungen dort unterbringen und schlug vor, den Bau wieder zu verglasen. Diese auch für den Schutz der Bausubstanz interessante Anregung fand leider wohl aus finanziellen Gründen keinen Zuspruch.

Regelmäßige Konservierungsmaßnahmen sorgen für die Erhaltung des Baues. Die umfangreichsten Arbeiten fanden von 1969–73 statt. In diesen Jahren wurden auch die großen Wendeltreppen in die Apsiden der Türme eingefügt.

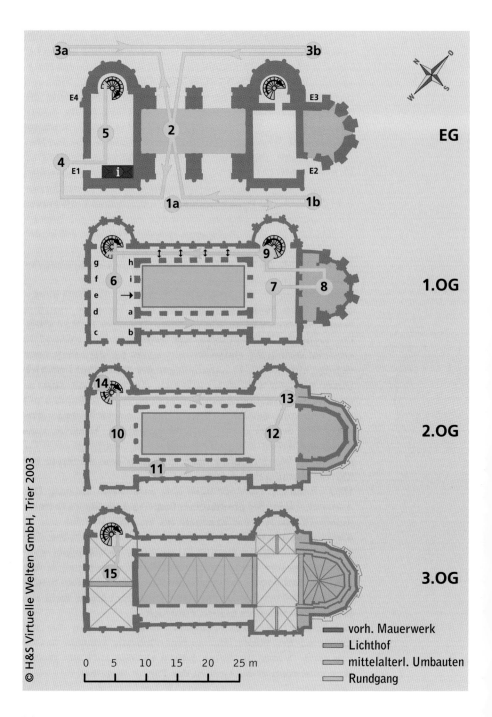

EG

1.OG

2.OG

3.OG

© H&S Virtuelle Welten GmbH, Trier 2003

■ vorh. Mauerwerk
▨ Lichthof
▨ mittelalterl. Umbauten
□ Rundgang

0   5   10   15   20   25 m

Plan des Rundgangs, im 3. Obergeschoss Eintragung der zerstörten Gewölbe der Oberkirche.

Standort 1a/Situation stadtseitig

Der Besucher, der sich der Porta Nigra von der Stadt her nähert, begeht mit der Simeonstraße eine Straße, deren Streckenführung noch heute fast identisch ist mit der der Erbauungszeit des Tores im 2. Jahrhundert n. Chr. Diese Straße ist im Bereich vor dem Bauwerk durch die Pflasterung deutlich gemacht. In der Spätantike waren die Bürgersteige dieser Straße als überdeckte Pfeilerhallen gestaltet. Bei den Grabungen im Straßenbereich wurden zwei Pfeilerbasen noch am Ort aufgefunden. Andere wurden danach rekonstruiert, um die antike Situation anzudeuten. Ein Rest des Straßenpflasters, das ungefähr dort aufgefunden wurde, wo heute die Treppe auf den Vorplatz des Denkmals herabführt, ist zur Dokumentation rechts der Pfeilerhallen vor der Abgrenzungsmauer zur modernen Straße neu verlegt worden.

Grundriss und Maße

Das Nordtor der römischen Stadt steht dem Betrachter auf den ersten Blick als fast vollständig erhaltener Bau vor Augen. Diese Vollständigkeit begründet den Ruf des Bauwerkes: Es ist das besterhaltene römische Tor nördlich der Alpen. Gelegentlich wird auch seine Größe als Besonderheit hervorgehoben. Dies ist jedoch unrichtig: Die Maße entsprechen einem gewissen Standard. Der Bau folgt auch in Grundriss und Aufbau den üblichen Normen. Zwei Türme von 10 m Breite und 21,50 m Tiefe flankieren einen 15,90 m breiten und 16 m tiefen, also im Grundriss fast quadratischen Durchgangsbau mit Innenhof. Der Westturm misst heute noch an der Nordseite 29,30 m in der Höhe. Stadtseitig waren die Türme zur Römerzeit giebelgeschmückt. Der Giebel des Westturmes war noch im 17. Jahrhundert vorhanden; dies beweist ein Stich Caspar Merians. Die Höhe der Türme betrug also ursprünglich bis zum Dachfirst annähernd 32 m, die des Durchgangsbaues einschließlich der heute verlorenen Brüstung 24,50 m. Stadtseitig sind die Türme platt abgeschlossen, landseitig wölben sie sich im Halbkreis vor.

Baumaterialien

Die 4 m tiefen und bis zu 3,8 m starken Fundamente bestanden aus einer Kalkstein-Mörtelmischung und waren gegen eine Baugrubenverschalung geschüttet, die jedoch nicht bis an die Oberkante der Fundamentgrube reichte. Der etwa 1 m hohe obere Abschnitt war lediglich gegen die Erde gesetzt. Auf einer sorgfältig abgeglichenen Ausgleichsschicht aus Kalkmörtel ruht die unterste Quaderschicht aus 0,60 m hohen roten Sandsteinen. Dies ist die einzige Schicht aus diesem Steinmaterial. Auf einem Zwischenfundament aus hellem Sandstein ruht der Baukörper, der vollständig aus gelblichweißem oder grauweißem Sandstein aufgeführt ist. Auch diese Quadern sind 60 cm, also 2 römische Fuß hoch. Durchschnittlich sind sie 1 m tief und 1,25 m lang. Diese Angabe ist ein statistisches Mittelmaß; am Bauwerk selbst lassen sich nur wenige Steine dieser Größenordnung finden. Die größten Quadern erreichen ein Gewicht von bis zu 6 t. Die Farbvariationen sind darauf zurückzuführen, dass die Steine in verschiedenen Steinbrüchen westlich der Stadt im Pfalzeler Wald, im unteren Kylltal, im falschen Biewertal und bei Butzweiler gebrochen wurden. Sie tragen häufig Buchstabenmarkierungen, die man als Firmenzeichen deutet. Insgesamt sind 187 Marken aus zwei bis fünf Buchstaben bekannt. Die Inschriften ATOT, MAR und MARC sind bei Butzweiler belegt. Die Steine wurden vor dem Versatz unten und oben mit Hilfe eines Zahneisens mit sorgfältig geglätteten Lagerflächen versehen. Die Seiten dagegen sind bis auf einen passgenau gearbeiteten Randstreifen nur mit dem Spitzhammer behauen. Halbsäulen, Pilaster, Kapitelle und Fensterrahmungen wurden vor dem Versatz angelegt. Die einzelnen Blöcke sind horizontal mit 33 bis 35 cm langen Eisenklammern von etwa 2 Kilo Gewicht verbunden, die mit etwa 1,5 Kilo flüssigem Blei in vorgeschlagene Nuten geklebt wurden. Im Gegensatz zu den bestehenden Angaben können auch vertikale Klammerverbindungen mittels Z-förmiger Klammern nachgewiesen werden. Stemmlöcher für solche Klammern liegen im für Besucher unzugänglichen Gang beim Falltorschacht offen.

Gliederung des Außenbaus

Außen ist das gesamte Bauwerk in drei Geschosse gegliedert, die Türme überragen den Mitteltrakt um ein weiteres. Das Untergeschoss ruht auf einem hohen Sockel, der unten einen Ablauf und oben ein Kranzgesims aufweist. Auf diesem Sockel erheben sich Halbsäulen, die ein Gebälk mit sehr hohem Fries tragen. Das folgende Geschoss beginnt wiederum mit einem Sockel, auf dem abermals Halbsäulen stehen. Das abschließende Gebälk weist dieses Mal einen niedrigen Fries auf. Die oberen Geschosse zeigen den gleichen Aufbau wie das zweite. Die Halbsäulen sind an den äußeren Turmflanken und im Innenhof durch flache Pilaster ersetzt. Der Aufbau folgt somit deutlich

den Grundsätzen römischer Architektur, nach denen sich ein Säulenbau auf einem Sockel erhebt, auch wenn es sich um eine Blendarchitektur handelt.

Die Tordurchfahrten begleiten Pilaster und sind von einer Archivolte abgeschlossen. Ähnlich sind die Fensterrahmungen gebildet. Auch hier tragen Pilaster eine Archivolte. Die Pilaster wiederum stehen auf einem eigenen Sockel. Das bekannte Nischenmotiv ist hier als Durchgangsmotiv gestaltet.

Augenfällig ist die Unfertigkeit des Bauwerkes. Die schweren Weißsandstein-Quader, aus denen das Tor errichtet ist, sind nur oben und unten passgenau zugerichtet; sie liegen ohne Mörtel vollflächig aufeinander und sind durch die erwähnten Eisenklammern stabilisiert. Die sichtbaren Flächen der Steine sind größtenteils nur grob zugerichtet. Nur wenige haben schon eine erste Glättung erfahren; nach einer Schätzung durch Bruno Meyer-Plath etwa 200 m^3. Alle Architektur- und Ornamentformen sind Rohlinge geblieben. Dennoch lassen sich einige Hinweise auf die ursprüngliche Gestaltung erkennen, auf die an Standort 3a einzugehen ist. Die Zerstörung der Oberfläche des Baues, der von tiefen Löchern übersät ist – sie sind größtenteils modern vermauert –, ist frühmittelalterlichen Metallräubern zu verdanken; sie suchten die Eisenklammern und deren Verbleiung. In den Löchern am Sockel des West-turmes sind Rost- und Bleispuren gut erkennbar.

Im Altertum führten vier Eingänge in den Torbau: zwei (E1 und E2) rechts und links in die Flanken der Türme vom Straßen-niveau aus, zwei weitere (E3 und E4) vom Wehrgang der Stadt-mauer. Lediglich Eingang 4 ist heute vermauert; durch Ein-gang 1 betritt der Besucher das Innere des Tores.

Auch einige Veränderungen, die die spätere Kirchen-Nutzung mit sich brachte, lässt der erste Standort erkennen. Für die wei-tere Betrachtung ist es wichtig, sich bereits hier zu vergegen-wärtigen, dass die Kirche wie oben beschrieben zwei getrenn-te Geschosse besaß, also in eine Ober- und eine Unterkirche horizontal aufgeteilt war. Die Unterkirche, die Pfarrkirche für die Laien, lag im ersten Obergeschoss des Tores, die Ober-kirche, die Stiftskirche, im dritten und vierten. Der Merian-Stich S. 25 kann hier zur Orientierung hilfreich herangezogen wer-den. Er zeigt, dass fast das gesamte Untergeschoss des römi-schen Baues außen verschüttet war und eine breite Freitreppe bis auf die Höhe des ersten römischen Kranzgesimses hinauf-führte. Als Fundamente der Wangenmauern verwendete man zum Teil die Mauern, die in römischer Zeit die straßenbeglei-tenden Pfeiler trugen, und einen Abschnitt der Außenwand der rechten Pfeilerhalle. Die Treppe begann etwa dort, wo heute die Stufen vom modernen Straßenniveau zum römischen Niveau überleiten. Man gelangte zunächst auf ein ca. 10 m tiefes und 25 m breites Podium. Von dieser Ebene aus ermöglichte eine Tür, die in das zweite Fenster von links der stadtseitigen Flucht des Westturmes gebrochen wurde, den Zugang in die Unterkirche. Die Oberkirche wurde mittels einer schmalen Treppe erreicht, die links vorn auf dem Podium begann und zu einer Tür im ehemals ersten Fenster von links im zweiten Geschoss desselben Torturmes führte. Weitere Zeugnisse der kirchlichen Vergangenheit des Gebäudes sind vier Fenster, die zur Beleuchtung der umgenutzten unteren Turmgeschosse in die Südfassade gebrochen wurden - eines in den Fries des Westturmes, zwei andere oberhalb des Frieses in den Ostturm und das vierte in den ersten Säulenzwischenraum von rechts desselben Turmes. Der wichtigste Eingriff in das ästhetische Erscheinungsbild des römischen Baues erfolgte jedoch im zweiten Obergeschoss des östlichen Turmes: Hier wurde das mittlere Fenster geschlossen und durch einen breiten kapitellbekrönten Pfeiler verbaut. Das rechte Fenster desselben Geschosses wurde verkleinert und nach links versetzt. Dabei wurde auch ein großer Teil der Wandfläche erneuert. In den Zwischenraum zwischen den römischen Säulen wurde mittig ein den Säulen in der Größe angepasster Pfeiler aufgemauert. Auch er trägt ein Kapitell. Im Zuge dieser Baumaßnahme, die sicherlich im Zusammenhang mit der Errichtung der rechts anschließenden romanischen Apsis des 12. Jahrhunderts steht, wurden ferner auch die beiden römischen Halbsäulen dieses Torturm-Abschnittes mit Kapitellen ausgestattet. Rechts und links am Fuß des breiten mittleren Pfeilers sind von unten kaum sichtbar zwei weitere Fenster eingebrochen, die das hohe Querhaus der Unterkirche als Oberlichter erhellten.

Standort 1b

Die romanische Apsis hebt sich durch ihr kleinformatiges Mauerwerk und ihre geschlossene Bauweise deutlich vom römischen Baukörper ab. Wuchtige Strebepfeiler gliedern das Äußere des Sechseckbaues vertikal. Horizontal betont ein Schmuckgesims mit Rankendekor die Ebene des Unterkirchenbodens. Gegenwärtig wird der Bau durch eine zierliche Zwerggalerie aus 31 Säulen und 6 Pfeilern abgeschlossen, ursprünglich – man beachte den Merian-Stich – erhob sich jedoch darüber der hohe Lichtgaden des Chores der Oberkirche. Die Kapitelle der Zwerggalerie weisen enge Beziehungen zur lothringischen Kunst des mittleren 12. Jahrhunderts auf. Der merkwürdige Bogen über dem Zugang zur Krypta des Choranbaues verdankt seine Form dem Umstand, dass auf diese Weise der römische Zugang E2 in den Ostturm begehbar blieb. Dies war notwendig, da er zur Kirchenzeit in die Räume führte, die dem Gedächtnis des heiligen Simeon in besonderer Weise gewidmet waren, denn sie bildeten wohl die Wohnung des Eremiten.

Standort 2

Auf dem Weg durch die stadtseitigen Toröffnungen erkennt man beim Blick zu den flachen Decken in deren hofseitigen Ecken runde Löcher, die nach der ursprünglichen Planung die Zapfen der Torangeln der 7 m hohen Torflügel aufnehmen sollten. Die Unfertigkeit des Baues verhinderte deren Einbau. Statt ihrer wurden kleine, etwa 4,50 m hohe Tore verwendet. Für den Sturzbalken wurden ca. 45x45 cm große Löcher oberhalb der Torkapitelle ausgestemmt.

In der Sockelpartie des Tordurchganges und im ca. 100 m² großen Innenhof kann man überall an den unfertigen Wänden die oben erwähnten Steinbruchmarken lesen, z.B. SEC, MAC und MAR. Man beachte auch die beiden mittelalterlichen Türöffnungen, die von den Türmen in Sockelhöhe in den Hof führten. In den Seiten und im oberen Bereich der landseitigen rundbogigen Toröffnungen schaut man auf die Mauerschlitze, in denen einst die etwa 2,5 t schweren Falltore bewegt wurden. Im Bereich der geraden Torpfeiler liefen sie in hölzernen Führungen und rasteten unten zum Schutz gegen Untergrabung auf Steinlagen auf. Die hofseitig noch vorhandenen eisernen Türangeln stammen aus preußischer Zeit.

Standort 3a

Wendet man sich beim Verlassen des Tores nach links und umwandert die Apsis des Torturmes, so schaut man auf die Außenwand des Simeonstift-Gebäudes. Da dieses auf den Resten der römischen Stadtmauer steht, kann man sich eine gute Vorstellung vom einstigen Anschluss der Mauer an das Tor machen. Oberhalb der Mauer ist die Pforte E4 sichtbar, die vom Wehrgang in das Tor führte. Neben diesem Eingang befindet sich das einzige Kapitell der Porta Nigra, mit dessen Ausarbeitung begonnen wurde. Es zeigt, dass die Halbsäulen und Pilaster des Untergeschosses der tuskanischen Ordnung folgen sollten. In die mittelalterliche Mauer ragen einige Quader des Tores. Daraus lässt sich schließen, dass das Tor vor der Stadt-

Blick auf den Westturm des Tores mit dem Anschluss der (jetzt) mittelalterlichen Mauer und den Eingang E4 bei Standort 3a.

40

mauer im Rohbau vollendet wurde, denn andernfalls wären diese Verbindungsblöcke sinnlos.

Der romanische Erker am Ostturm des Tores und die Zwerggalerie des romanischen Choranbaues bei Standort 3b.

Standort 3b

Wechselt man zu Standort 3b, so kann man dort sehen, dass die romanische Apsis auch auf dieser Seite die interessanten Bögen im Untergeschoss aufweist, gewiss nicht nur aus Gründen der Symmetrie, sondern auch, um den römischen Zugang E3 freizuhalten, der allerdings später vermauert wurde. In der Höhe der Zwerggalerie ist hier an der Nordseite der gegiebelte Erker erhalten, dessen Pendant auf der Südseite zerstört ist. Auch hier ragen mächtige Blöcke aus dem Mauerwerk des Tores und markieren die zukünftige Verbindung zur Stadtmauer.

Standort 4

Vor dem Betreten des Tor-Untergeschosses durch Eingang E1 werfe man zunächst noch einen Blick auf die hier ebenfalls weit aus dem Verband vorstehenden Verbindungsquadern zur Stadtmauer und auf Eingang E4. Man beachte auch die 6 schmalen Fenster, die das im Inneren zweigeschossige Untergeschoss in römischer Zeit erhellten.

Standort 5

Die auskragenden Werksteine, die in etwa 5,20 m Höhe als Auflager für die hölzerne römische Zwischendecke dienten, sind gut zu erkennen. Die Decke reichte bis in die Turmrundung wie alle anderen auch. Die römischen Treppen lagen ohne Wandkontakt im rechteckigen Turmteil. Die moderne Wendeltreppe, die heute auf das romanische Gewölbe und zu den weiteren Geschossen des Torbaues führt, ist ohne antiken Vorgänger. Ob zur Zeit der Kirchennutzung in den Rundungen der Türme Treppen vorhanden waren, ist nicht bezeugt, aber möglich. Beim Aufstieg sieht man links die römische Pforte E4 und rechts den mittelalterlich verbreiterten Gang entlang den Falltorschächten.

Standort 6

Das romanische Gewölbe bildet den Boden der Vorhalle der Unterkirche. Sein Belag stammt aus dem 19. Jahrhundert. Die Bodenhöhe entspricht in etwa dem römischen Niveau. Der schon in der Außenansicht beschriebene Eingang führt durch das mittlere Fenster der Schmalseite in den hohen Raum, dessen mittelalterliches Tonnengewölbe heute ausgebrochen ist. Seine Ansatzspuren sind über den Fensterbögen, die zu Durch-

Die Westfront des Westturmes mit Eingang E1 und dem Anschluss der römischen Stadtmauer bei Standort 4.

gängen in das Mittelschiff der Kirche erweitert sind, gut zu
erkennen. Die moderne Decke entspricht in ihrer Konstruktion
der römischen. Für eine zweite Tür, die Stiftgebäude und Kirche verband, wurde ein Fenster der Längswand geöffnet. Sie
liegt in der Achse des Mittelschiffes. Der barocke Relief-
schmuck des Raumes wurde, wie schon erwähnt, von Johann
Nikolaus von Hontheim 1760 gestiftet. Ausführender Bildhauer
war ein Trierer namens Josef Amling(er). Am Pfeiler rechts
vom Eingang in das Mittelschiff ist in lateinischer Inschrift das
Programm vermerkt (➤ im Grundriss): „HI TESTIMONIUM
FIDEI NOSTRAE PERHIBENT – Diese legen ein Zeugnis unse-
res Glaubens ab". Von diesem Pfeiler ausgehend zeigen die
Reliefs im Uhrzeigersinn folgende Heilige: Hieronymus (347–
420), Ambrosius (339–397), Martin von Tours (316–397), Bern-
hard von Clairvaux (1090–1153), Papst Leo IX. (?–1054), Theo-
dor von Marseille (?–595), Paulus von Konstantinopel (?–nach
353), Athanasius (295–372) und Augustinus (354–430). Alle
Dargestellten weisen Beziehungen zu Trier auf. Ambrosius ist
sogar gebürtiger Trierer. Die anderen, bis auf Augustinus,
haben sich in Trier aufgehalten. Aber auch dieser fühlte sich
der Stadt verbunden, weil ihn ein Gespräch über das frühe
Mönchtum unter anderem auch in Trier zur Beschäftigung mit
dem Christentum angeregt hatte. Die ursprüngliche reiche farbige Fassung der Bildnisse und des Dekors ist, wie bei der
gesamten barocken Ausstattung, verloren. Durch das seit 1821
wieder zum Hof geöffnete Mittelschiff schweift der Blick in das
Querhaus und die Apsis der Unterkirche. Man beachte, dass
das Hauptschiff der Unterkirche weitgehend schmucklos blieb.
Reste der römischen Pilastergliederung sind bewahrt.
Durch das rechte Seitenschiff, den stadtseitigen Wehrgang,
gelangt man in den Ostturm des Tores, das Querhaus der
Kirche. Vor dem Durchgang in das Querhaus liest man die
Grabinschrift des Kanonikers Tilman Andres († 1576).

Standort 7

Dieser Raum mit originalem romanischen Tonnengewölbe im
Ostturm des Tores bildete bei der Einrichtung der Kirche durch
Poppo zunächst den Chor der Unterkirche. Nach dem Anbau
der Apsis wurde er zum Querhaus. Wann er die beiden fast
quadratischen Oberlichter erhielt, ist unklar. Schwierig ist es,
die beiden nachantiken großen Fenster, die zur Hälfte von der
heutigen, der römischen nachempfundenen Decke überschnit-
ten werden, einer Umbauphase zuzuordnen. Sie sind angelegt
worden, um das obere Zwischengeschoss des römischen Erd-

45

geschosses zu beleuchten, liegen jedoch oberhalb des ausgebrochenen Gewölbes. Die rechte Ecke nahe der stadtseitigen Fensterfront schmückt die stark beschädigte Gedenktafel für Stiftsdekan Balthasar Mercklin von Waldkirch († 1531). Das Bildfeld zeigt eine Kreuzigungsszene.

Standort 8

Durch drei weit geöffnete ehemalige Fester betritt man die Apsis, die ihre romanischen Formen bewahrt hat. Sie ist in zwei Teile gegliedert; der vordere wird von einem Gurtbogen überspannt und gibt rechts und links den Blick frei in zwei kleine Nebenräume; in der rechten Nische befindet sich eine Gedenktafel für den Stiftsdekan Martin Pergner († 1557). Dargestellt ist das Jüngste Gericht. Der hintere Apsis-Abschnitt ist von einer Halbkuppel überwölbt. Fünf pilastergeschmückte Arkaden rahmen die Fenster. Die Kämpferzone betont ein Plattenprofil. An der Decke entdeckt man noch Spuren der abblätternden nachromanischen Ausstattung: Gewölberippen waren in blau und ocker aufgemalt. Quadermalerei schmückt die Trennwand

47

0   5   10   15m

A 853

Schnitt durch Tor und Kirche mit Eintragung
der Kirchengewölbe und der Orgelempore
in der Oberkirche.

Blick in den Torhof, das Kirchenschiff
der Unter- und Oberkirche
mit den Resten der Orgelempore.

zum Querhaus. Hat man die Apsis wieder verlassen, so sieht man, sich nach rechts wendend, ein Ausbruchloch, in dem eine zum Teil noch in Blei gebettete römische Eisenklammer vorhanden ist.

Standort 9
Die moderne Wendeltreppe gewährt Zugang zu den Räumen, die einst die *cellula* des heiligen Simeon umgaben. Dort wurde er zunächst auch bestattet, ebenso sein Förderer Poppo. Später wurden die Gebeine beider in die Stiftskirche überführt. Nicht uninteressant ist die Beobachtung, dass das Mauerwerk des Rundturmes unterhalb der Fensterzone durch ein starkes Feuer angeglüht wurde: Die rote Verfärbung des Sandsteines ist deutlich zu erkennen.

Der Weg durch den landseitigen Wehrgang, das linke Seitenschiff der Kirche, führt zurück in den Westturm. Unterwegs erblickt man an der Decke noch Reste einfacher Stuckleisten. In den erweiterten römischen Fensteröffnungen erkennt man noch die Nuten der kirchenzeitlichen Fensterrahmen, in den Fensterpfeilern – in 1,60 m Höhe – die kreisrunden Lagerlöcher (siehe die Pfeile ↔ im Grundriss) der Rollen der römischen Falltorbefestigung. Das letzte Fenster ist zu einer Tür erweitert, die sich einst zum Friedhof öffnete, der hier in der

Die Apsis der ehemaligen Unterkirche Standort 8.

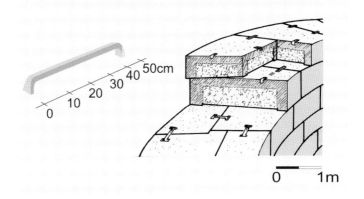

Aufschüttung vor dem Tor Platz gefunden hatte. Von diesem
Standort aus fällt der Blick auch auf die Rückwand des Mittelschiffes. In die römischen Pfeiler sind die Grabtafeln links für
Heinrich von Rommersheim († 1447) und rechts für Nikolaus
von Straßburg († 1524) eingearbeitet.

Standort 10
Folgt man der Wendeltreppe nach oben, so gelangt man in die
Stiftskirche, deren Eingangshalle auch als Kapitelsaal diente.
Der Kirchenbesucher gelangte, wie schon am Beginn des
Rundganges (1) vermerkt, durch eine Tür im ersten Fenster
von rechts der Schmalseite in diesen Raum – sofern er nicht
von der Unterkirche hochgestiegen war. Stiftsangehörige verfügten über einen eigenen Eingang in der Mitte der Längswand. Die Durchgangswand zum Hauptschiff zeugt mit präch-

tigem Rocaillewerk von der reichen barocken Ausstattung der Kirche. Diese Vorhalle reicht über zwei römische Geschosse und war zuletzt von einem gotischen Rippengewölbe überspannt. Die Ansatzspuren sind oberhalb der römischen Kragsteine deutlich zu erkennen. Oberhalb des dritten Fensters von links ist zwischen den Gewölberitzlinien ein breiter Maueransatz sichtbar. Dort befand sich einst ein Bogen, der die stadtseitige Wand des Glockenturmes trug; für seine Form ziehe man den Stich Merians und das Aquarell Lotharys hinzu. Man beachte die jeweils zeitgenössischen Turmdachformen.

Standort 11

Der jetzt als echtes Seitenschiff erfahrbare obere stadtseitige Wehrgang des römischen Tores war seit 1748 in der Mitte geteilt und enthielt im vorderen Teil eine Simeon-Kapelle. In ihr hingen sechs „Miracul-Bilder" (um 1750) des Trierer Malers Verotius. Sie zeigten einige Wunder des Heiligen. Drei Gemälde haben die Stürme der Zeit überdauert und befinden sich im Dom- und Diözesanmuseum. Eines der Bilder, das die Darstellung der Dankwallfahrt einer „Bayerischen Dame" zeigt, gibt den Innenraum der kleinen Kapelle selbst wieder und gewährt auch einen Blick in das Mittelschiff der Oberkirche: Das Rocaillewerk der Durchgänge, die Obergadenfenster und die Ansätze des Gewölbes sind deutlich zu erkennen.

Dankwallfahrt einer bayerischen Dame. Ölgemälde des Verotius um 1750. Bischöfliches Dom- und Diözesanmuseum Trier. Ursprünglich bei Standort 11.

Standort 12

Im Querhaus der Oberkirche angekommen, stellt man fest, dass in der Oberkirche der bauliche Zusammenhang von Hauptschiff, Querhaus und Apsis klarer besteht als in der Unterkirche. Dies ist natürlich dem Umstand zu verdanken, dass die beiden letzten Geschosse des römischen Ostturmes bei Errichtung der Kirche im wesentlichen abgetragen waren, und der Architekt somit freiere Hand hatte. An der Schmalseite des Querhauses ist der Unterschied zwischen römischem und romanischem Mauerwerk deutlich sichtbar: Rechts der Säule noch Quaderwerk, bei der Säule und weiter links kleinsteiniges Mörtelwerk. Betrachtenswert sind die schönen romanischen Kapitelle der Säule und der Pfeiler rechts und links. In diesem Raum standen vielleicht die Hochgräber des heiligen Simeon und des Poppo. Beim Anschluss der Chorapsis leiten Pfeiler und Halbsäulen aus wiederverwendeten römischen Blöcken zum kleinsteinigen Mauerwerk der Apsis über. Hinter der Mauer, für den Betrachter verborgen, zieht sich die bei der Beschreibung der Außenansicht berücksichtigte Zwerggalerie um den Chor. Durch die beiden seitlichen Türöffnungen rechts und links des Chores fällt der Blick auf die hervorragende Bildhauerarbeit einiger Säulen. Einige der schönen Kapitelle sind als Würfelkapitelle gestaltet, andere stehen in der Tradition der antiken korinthischen Kapitele. Neun sind seit 1973 durch Kopien ersetzt, ebenso 21 Basen und 25 Säulenschäfte.

Schaut man über die Brüstung, die heute den baulichen Zusammenhang von Schiff (Hof) und Querhaus (Ostturm) der Oberkirche stört und auch nicht den römischen Gegebenheiten entspricht, so blickt man auf die Eingangswand des Mittelschiffes mit den Spuren der Orgelempore. Die Nische oberhalb des Rocailleschmuckes musste für den Orgelkörper in das römische Mauerwerk eingetieft werden. Darüber sieht man schwache Spuren des Gewölbes, das Meyer-Plath als vierteiliges Netzgewölbe rekonstruiert. Es wird sich jedoch eher um ein dreiteiliges Rippengewölbe üblicher Form gehandelt haben, da sonst kein Bezug zur Arkadenstellung des römischen Tores hergestellt werden kann.

Standort 13

Einer der beiden Ausgänge in die Zwerggalerie. Auf dem Weg zu Standort 14 werfe man einen Blick zur Decke des Seitenschiffes/Wehrganges. Dort wie auch an einigen anderen Stellen sind noch die originalen römischen Deckenplatten vorhanden, die auf den zur Barockzeit abgearbeiteten Kragsteinen aufliegen.

Standort 14

Die eingangs erwähnten Arbeitstags-Daten der Erbauungszeit sind schwach eingeritzt, aber bei genauer Betrachtung erkennbar. Für die Verteilung ziehe man die Abbildung heran.

Standort 15

Die beiden großen Türen, die in römischer Zeit auf den obersten Wehrgang hinaus führten, waren seit dem Mittelalter vermauert. Zur Orgel führte eine kleine, heute zugesetzte Tür von der Turmrundung nach außen auf den Wehrgang und von dort wiederum durch eine Tür in der heute verschwundenen Hochschiffwand auf die Empore. Wie das Lothary-Aquarell zeigt, war dieser Weg als geschlossener, überdachter Gang gestaltet. Neben dem Dom stellt sich die Porta Nigra als das historisch bedeutungsvollste Denkmal Triers vor. Der Besucher verfolgt einen Weg von 200 n. Chr. bis in die Gegenwart.

Die romanische Zwerggalerie bei Standort 13.

Zwei schöne Kapitelle
der Zwerggalerie.

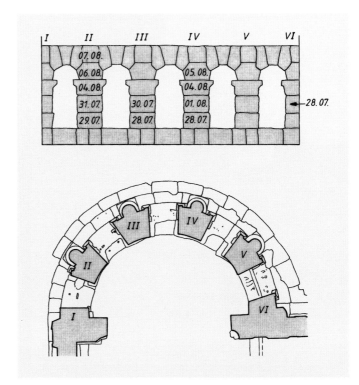

Verteilung der
Tagesdaten-Inschriften
auf den Werksteinen in
der Rundung des
2. Obergeschosses des
Westturmes bei
Standort 14.

Das Amphitheater

Mit der lateinischen Sprache als Verwaltungs- und zum Teil auch als Umgangssprache, mit der Übernahme römischer Lebensformen von der Architektur über die Raumausstattung bis hin zu den Töpferwaren machte sich der Stamm der Treverer – wie alle anderen gallischen Stämme auch – den Brauch der amphitheatralischen Spiele zu eigen. Jede gallische Stadt, die etwas auf sich hielt, errichtete deshalb ein Amphitheater, das freilich nicht nur für mehr oder weniger blutrünstige Aufführungen genutzt wurde, sondern ebenso selbstverständlich für Gemeindeversammlungen und religiöse Feste. Heutige Besucher des Amphitheaters müssen sich vor Augen führen, dass hier in Trier nicht moralisch degenerierte Römer den Gladiatorenkämpfen und Tierhatzen mit Beifall folgten, denn Römer oder Menschen aus dem Mittelmeergebiet lebten in dieser Region nur in geringer Zahl. Die begeisterten Zuschauer waren vielmehr einheimische Treverer, also Kelten.

Das Wort Amphitheater ist übrigens ein griechisches Fremdwort in der lateinischen Sprache und bedeutet: auf beiden Sei-

Gladiatoren im Kampf. Mosaik aus der Villa in Nennig

ten Zuschauertribünen. Der Begriff ist merkwürdigerweise vor der römischen Kaiserzeit im Griechischen unbekannt.
Das Trierer Amphitheater liegt, wie der Stadtplan S. 6 zeigt, am östlichen Stadtrand, eingebunden in den Verlauf der Stadtmauer und mit seinem vierten Vomitorium (wörtlich übersetzt: der Ausspucker, d.h. Ausgang) annähernd ausgerichtet auf die Ost-West-Achse der Stadt.

Amphitheater, Ansicht von Süden aus der Luft. Gegenwärtiger Zustand

Entstehungszeit

Die Keramik, die bei neueren Grabungen (1977–79) in den Vomitorien 3 und 4 zu Tage kam, lehrt, dass der Bau wie die Porta Nigra und die Stadtmauer, mit der er in enger Verbindung steht, erst im letzten Drittel des 2. Jahrhunderts errichtet wurde und nicht zu dessen Beginn, wie früher angenommen. Die jüngst durch Hans-Peter Kuhnen vertretene Spätdatierung in das 4. Jahrhundert, mittlerweile wieder zurückgenommen, hatte ihren Ursprung in mangelnder Kenntnis der Befunde.
Die Nutzungsgeschichte ist nicht bekannt. Ob sich die Nachricht von der Hinrichtung der Frankenkönige Ascaricus und

H&S Virtuelle Welten GmbH, Trier 2002

Amphitheater, rekonstruiert, Ansicht von Süden aus der Luft.

Merogaisus sowie vieler Gefangener des germanischen Stammes der Brukterer durch Konstantin Anfang des 4. Jahrhunderts in einem Amphitheater auf das Trierer Amphitheater beziehen lässt, ist umstritten. Die Verurteilten wurden wilden Tieren zum Fraß vorgeworfen. Überliefert dagegen ist die Tatsache, dass Teile der Trierer Bevölkerung beim Amphitheater während der Germaneneinfälle des 5. Jahrhunderts Schutz suchten.

1211 erhalten die Mönche des Klosters Himmerod in der Eifel die Erlaubnis, die Ruinen als Steinbruch zu nutzen. Sie verwendeten das Material, um ihre nahegelegenen Trierer Besitzungen auszubauen.

Danach wurde dieses künstliche Tal, das mehr und mehr ein natürliches wurde, zum Weinbau genutzt. Eines der stadtseitigen Vomitorien, wahrscheinlich V4, wurde zu einem unterirdischen Stapelraum umgewandelt und trug den Namen Kaskeller. Um diesen Platz rankt sich eine Trierer Sage, die weiter unten erzählt werden soll.

Seit 1816 wurde der Bau freigelegt. Besonders aufschlussreich waren die Grabungen, die der Trierer Altertumsforscher Domkapitular Johann Nikolaus von Wilmowsky im Jahr 1854 und

Felix Hettner, erster Direktor des Rheinischen Landesmuseums, 1891/92 durchführten. Von Bedeutung für die Erforschung war auch die Freilegung des Arenakellers im Jahre 1908 durch Emil Krüger. 1922 erwarb die Stadt Trier das Grundstück westlich der Vomitorien. Es sollte eine großzügige Eingangssituation gestaltet werden. Der Plan blieb leider unausgeführt. 1977–79 ließ Heinz Cüppers Sondagen hauptsächlich in den Vomitorien 3 und 4 durchführen, die wichtige Erkenntnisse für die Datierung des Bauwerkes erbrachten. Weitere kleine Nachforschungen nahm Hans Peter Kuhnen von 1996–99 vor. Letztere zeigen, dass entlang des Berghanges niemals eine begrenzende Mauer vorhanden war. Das Amphitheater kann als relativ vollständig freigelegtes Bauwerk gelten, auch wenn neuerdings Pläne mit Eintragung der untersuchten Flächen das Gegenteil suggerieren: Die nicht gegrabenen Flächen waren auch nicht bebaut. Ein weiteres Durchwühlen der angeschütteten Hänge dürfte nicht zu umstürzenden neuen Ergebnissen führen.

RUNDGANG

Standort 1, südlicher Zugang E1, Vomitorium 1 und 2
Der Besucher nähert sich dem Denkmal von Süden und schaut zunächst in einen sich weit öffnenden Trichter. Dieser Zugang ist wie der gegenüberliegende nördliche dreiteilig: Der große (Breite 5,80 m) mittlere führt leicht abfallend unmittelbar in die Arena, war also eigentlich nicht für die Zuschauer bestimmt, sondern für festliche Aufzüge und ähnliche Veranstaltungen. Er ist deshalb auch nicht als Vomitorium zu bezeichnen. Die beiden schmaleren seitlichen, etwas ansteigenden Flure (Breite ca. 3 m) leiten dagegen die Zuschauer zu ihren Plätzen auf den unteren Rängen. Heute erscheint das weite Oval durch den nördlichen und südlichen Eingang in zwei Teile gespalten. Ursprünglich befanden sich hier jedoch große Torbauten (siehe Rekonstruktion S. 65 und 69), über die auch die Zuschauerränge hinweg liefen. Merkwürdigerweise folgten die Torbauten außen nicht dem Rund des Ovales, sondern besaßen eine völlig gerade Stirnmauer. Von diesen Stirnmauern sind rechts und links des mittleren großen Tores die Türpfeiler erhalten. Am Südtor ist zudem hoch über dem linken Zuschauereingang noch der Ansatz einer Bogennische und eines darunter befindlichen Gesimses zu erkennen. Dieses Architekturdetail ist der einzige Rest, der an die früher sicher

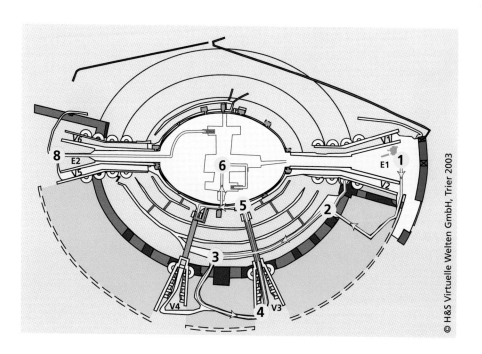

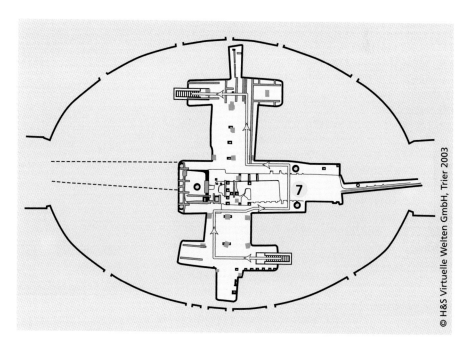

reiche Gliederung des Baues erinnert. Die Gänge, die in die Arena und auf die Zuschauerränge führten, waren mit großen Quadern überwölbt. Einige der dafür notwendigen Keilsteine sind bei den Vomitorien 5 und 6 am Nordeingang erhalten. Sie sind bis zu 3 m lang und sehr sorgfältig gehauen.

Baumaterialien
Alles Mauerwerk ist wie die Stadtmauer zweischalig errichtet. Die so genannte Blendschicht bilden sorgfältig gesetzte Kalksteine (14,5 x 10 cm = 1/2 römischer Fuß x 1/3 römischer Fuß); Fugen sind mit rotem Fugenstrich versehen. Das ‚Füllmauerwerk‘ ist zwischen diese Schalen gegossen. Für die Aufschüttungen verwendete man das vor Ort anstehende lehmige Erdreich, das stark mit Schiefer- und Diabasbrocken durchsetzt ist. Das Quadermauerwerk der Gewölbe setzt sich ebenfalls aus Kalkstein zusammen. Die Abdeckung der Arenamauer und die Zugänge zu den Käfigen – soweit antik, wie die Schwellen und Teile der Gewände bei den beiden nördlichen Türen – hingegen bestehen aus weißem Sandstein. Einige große Werksteine, die auf Grund der Aufschrift *locus* (= Platz) meistens als Sitzstufen gedeutet werden, sind aus weißem oder rotem Sandstein gefertigt. Die dreieckige, an einer Spitze abge-

Amphitheater, Rekonstruktion des südlichen Zugangs. Der Abstand zwischen Stadtmauer und Stützmauer ist versehentlich zu groß.

plattete Form der Steine lässt jedoch eine Verwendung als Sitzstufen nicht zu. Die Steine sind vielmehr als Abdeckungen der Stützmauern der Logenplätze zu interpretieren. Die Rotsandsteinblöcke gehören auf Grund des Materials und ihrer nachlässigen Steinmetzarbeit wegen wahrscheinlich nicht zur ursprünglichen Ausstattung, sondern müssen als Reste einer spätantiken Reparatur gelten. In dieser Zeit sind wohl auch erst die Inschriften auf allen Steinen eingemeißelt worden.

Rechts zwischen den Wangenmauern des Zuganges ist ein von Fahrspuren zerfurchtes Straßenpflaster modern verlegt. Es hat mit dem Amphitheater nichts zu tun, sondern stammt vom nahe gelegenen Tempelbezirk im Altbachtal, wo es 1925 ausgegraben wurde.

Hinter den hoch aufragenden Mauern, welche die Eingänge säumen, erkennt man halbkreisförmiges Mauerwerk. Es handelt sich um mit den Mauern im Verband stehende Halbzylinder, je vier auf jeder Seite, die die Aufgabe erfüllten, den Erddruck auf die Torbauten abzufangen, und zugleich die Torbauten zu einer selbständigen statischen Einheit formten.

Das Amphitheater ist nicht etwa in eine natürliche Mulde gebettet, wie man auf den ersten Blick glauben könnte, weil man auf nur wenige Mauern, aber auf viel Erdreich schaut.

Blick auf den Nischen-
rest oberhalb des
Vomitoriums 2

Man muss sich vielmehr vergegenwärtigen, dass der stadtseitige Hügel, der die Zuschauersitze trug, gänzlich künstlich auf-
geschüttet ist und dass der bergseitige Hügel sich lediglich an
eine Nase des Petrisberges anlehnt; etwa 80 Prozent des Hanges sind das Ergebnis mühsamer Handarbeit. Dies ist keine
neue wissenschaftliche Erkenntnis, wie jüngst von Hans-Peter
Kuhnen behauptet wurde, sondern eine Feststellung wissen-
schaftlicher Forschungsarbeit des 19. Jahrhunderts. Felix Hettner, der erste Direktor des damaligen Provinzialmuseums, der
seit Oktober 1891 die Grabungen im Amphitheater leitete, teil-
te der Trierischen Zeitung am 9. Januar 1892 mit: „Bis jetzt
nahm man an, der östliche Halbkreis des Amphiteaters und der
Boden der Arena beständen aus Fels. Tiefe Gräben, welche auf
der Osthälfte jüngst gezogen worden sind, zeigen dagegen,
dass hier Fels nicht vorhanden ist."
Wechselt der Besucher den Standort der empfohlenen Richtung
folgend, so blickt er rechts, links neben der linken Mauer des
Vomitoriums 2, auf einen Erdhügel. An dieser Stelle läuft von
Süden her die Stadtmauer gegen das Amphitheater. Sie endet
vor dem Halbzylinder mit einem Mauerkopf. Oben neben dem
Halbzylinder erkennt man weiteres Bruchsteinmauerwerk mit
starken Diabasanteilen. Es handelt sich um das Fundament der
Stadtmauer, das sich in der Mitte der Aufschüttung brücken-
ähnlich als Bogenkonstruktion durch den ganzen Hang zieht.
Natürlich diente es zugleich zur Stabilisierung der Aufschüttung. In der Mitte zwischen den Vomitorien 3 und 4 verbreitet
sich das Fundament von 5 auf 10 m und bildet den Unterbau für
einen mächtigen Turm (8,5 x 10 m). Die Stadtmauer umrunde-
te folglich das Amphitheater und formte es zu einer Art Bastion.
Links neben dem Weg, der aufwärts führt, fällt der Blick auf
einen Mauerstumpf. Er ist sichtbarer Rest einer Stützmauer,
die – mindestens drei Meter hoch – die Aufschüttung der Ränge
stadtseitig abschloss. Auf der Bergseite ist eine solche Mauer
nicht vorhanden.

Standort 2

Nachdem man hangaufwärts die Krone der Aufschüttung
erreicht hat, fällt der Blick in das weite Rund des Zuschauer-
raumes und der Arena (47,5 m = 160 Fuß x 71 m = 240 Fuß). Die
Entfernung von Torbau zu Torbau beträgt 148 m = 500 Fuß. Die
Arena ist von einer etwa vier Meter hohen, in den oberen
Abschnitten modernen Mauer umgeben. Die ursprüngliche
Höhe ist unbekannt, die Ergänzung dürfte jedoch das Richtige
treffen. Diese Mauer ist im Arenarund von 13 Türen durch-

brochen, die in kellerähnliche überwölbte Räume führen. Zwei zusätzliche Türen führen wie auch die folgende in einen Gang, der eine Verbindung zum Vomitorium 4 besitzt. Man gelangt auf diesem Weg von der Arena auf den untersten Rang. Vier weitere Türen öffnen sich zu den beiden Haupteingängen, so dass die Eckräume über jeweils zwei Eingänge verfügen. Zwischen den Vomitorien 3 und 4 lag wahrscheinlich die Ehrentribüne; mittels des genannten Ganges konnten sicherlich unter anderem auch Siegerehrungen vorgenommen werden.

Blick vom Standort 2 in das Rund der Arena und auf die östlichen Zuschauerränge.

Standort 3

Man folgt am besten dem Weg weiter zu der Plattform, die heute das erwähnte Turmfundament bildet. Die Säulenbruchstücke, die hier aufgestellt sind, stammen nicht aus dem Amphitheater, sondern von anderen Fundstellen in der Stadt, auch von der Basilika, und dienten als Gartenschmuck der Villa Schaeidt, die bis etwa 1925 am Fuß des Hanges stand.

Standort 4

Von diesem Standort führt ein Weg hangabwärts aus dem ehe-

Eine ähnliche Ansicht von der Ostseite auf Arena, Zuschauerränge und Stadtmauer. Der Antike Zustand ist wiederhergestellt.

maligen Zuschauerraum heraus zum äußeren Eingang des Vomitoriums 3. Es entspricht in allem Vomitorium 4. Auf eine Beschreibung des letztgenannten kann daher verzichtet werden. In beiden Vomitorien sind im Eingangsbereich vor den Eingangsöffnungen große Kalksteinquader mit dazwischenliegendem Mauerwerk vor die eigentlichen Stützmauern gesetzt. Ob es sich um einen späteren Umbau oder um einen Einbau handelt, der bereits zur Bauzeit vorgenommen wurde, lässt sich kaum entscheiden. Für letzteres spricht die Tatsache, dass sich das Mauerwerk von dem des Theaters nicht unterscheidet. Wahrscheinlich handelt es sich bei den Quadern um Säulenfundamente. Diese Säulen ließen die Eingänge als Schmuckfassaden erscheinen. Beim Vomitorium 4 wurde um die Mitte des 19. Jahrhunderts die oben erwähnte stadtseitige Stützmauer freigelegt. Dort fand man auch noch das Fundament und die Stufen einer Treppe, die ursprünglich neben der Vomitoriumsstützmauer auf die oberen Zuschauerränge führte.

Betritt man das eigentliche Vomitorium, so stellt man mit einem Blick zur Decke fest, dass hier die Gewölbe auf Schalung gegossen wurden.

69

Links an der Nordwand sind übrigens auf einer Länge von über neun Metern noch Reste einer Wandmalerei erhalten, die einst den gesamten Gang schmückte. Sie wurde auf einen sehr dünnen Putz aufgetragen, von dem Reste auch noch an der Südwand haften. Ihre einfache Ausführung und der Erhaltungszustand lassen eine zeitliche Einordnung nicht zu. Sie muss nicht aus der Entstehungszeit des Bauwerkes stammen, es kann sich auch um eine spätantike Erneuerung handeln.

Dieses Vomitorium trug im Mittelalter den Namen Kaskeller. Die Herleitung des Wortes ist unklar. Die mittelalterliche Überlieferung leitete es von „Söller des Catholdus" ab, über den die Legende wie folgt berichtet: Catholdus, ein Keltenfürst soll mit seinem Sklaven eine Wette auf Leben und Tod eingegangen sein, er könne schneller das Amphitheater errichten als dieser eine funktionstüchtige Wasserleitung für Trier. Als der Stichtag näher rückt, ist die Wasserleitung zwar fertig, aber es fließt kein Wasser. Catholdus kennt das Problem sowie seine Lösung. Ein Luftstau verhindert den Durchfluss. Luftlöcher müssten gebohrt werden. Der Herr freut sich siegessicher. Der Sklave aber macht sich seine gute Beziehung zur Herrin zu nutze,

Standort 4. Blick von Westen in das Vomitorium 3.

lässt diese den Catholdus ausfragen, sorgt für die Entlüftung und gewinnt die Wette. Catholdus stürzt sich von der Höhe des Kaskellers zu Tode.

Am Ende des Ganges erreicht man das unterste *maeanium* (Umgang) des Zuschauerraumes.

Standort 5

Von hier aus schweift der Blick wiederum in das weite Rund, doch ist es schwierig, sich eine Vorstellung von der ursprünglichen Anordnung der Sitzstufen zu machen. 1923 glaubte man Hinweise auf die Form des Anstieges der Ränge entdeckt zu haben und gestaltete diesen Anstieg im Rasen nach. Das ist jedoch eine Fehlinterpretation des Befundes, da nicht bedacht wurde, dass die römischen Anschüttungen nach Abtragung der Stufen zunächst der natürlichen Erosion, dann der Veränderung durch die Nutzung als Wingert unterworfen waren; bei einer Ausgrabung kann man daher überhaupt keine Hinweise auf den Stufenbau gewinnen, denn im Laufe der Geschichte wurde kein Erdreich aufgetragen, das einen älteren Zustand verbirgt. Im Gegenteil, die Reste dieses älteren Zustandes wurden im Laufe der Zeit durch Abschwemmung in die Arena umgelagert. Bei einer Rekonstruktion muss man sich also an

Reste der Wandmalerei im Vomitorium 3.

Amphitheater ähnlicher Größe von besserem Erhaltungszustand halten. Diese lehren, dass die Ränge einst viel steiler anstiegen als heute angedeutet. Meist wechselt die Steigung von etwa 24° bei den unteren Rängen auf 35° bei den oberen. Häufig ist sie sogar noch steiler. Der Anstieg der Ränge beschreibt stets eine parabelähnliche Kurve.

Zwischen den beiden Vomitorien muss sich einst die Ehrentribüne befunden haben. Beim Weg durch den vorderen Bereich des Vomitoriums 4 in die Arena lernt man den Verbindungsgang und einen der dreizehn Keller kennen. Diese Nebenräume, in zahlreichen Amphitheatern vorhanden, dienen natürlich der Vorbereitung verschiedener Auftritte.

Standort 6

Der antike Arenaboden, für den heutigen Besucher nicht sichtbar, besteht aus dem geglätteten anstehenden Schiefer. In ihn sind zahlreiche Löcher und Rillen geschlagen, die sicherlich zur Verankerung diverser hölzerner Auf- und Einbauten dienten. Die Einarbeitungen in den Felsen waren jedoch damals ebensowenig sichtbar wie heute, denn der Platz war, wie sein Name sagt, mit Sand bestreut. Vor der Mauer verläuft ein Entwässerungsgraben von etwa 0,90 m Breite und 1,00 bis 1,20 m Tiefe. Mit leichtem Gefälle entwässert er von Norden nach Süden in den noch vorzustellenden Keller unter der Arena. Von dort fließt das Wasser durch einen noch heute funktionstüchtigen Kanal in den etwa 150 m entfernten Olewiger Bach. Der Entwässerungsgraben längs der Mauer diente selbstverständlich der Aufnahme des Regenwassers, das von den Stufen herab in die Arena floss. Zu diesem Zweck müssen in der Antike entsprechende Durchlässe und Wasserspeier in der Arenamauer vorhanden gewesen sein; diese sind leider nicht ergänzt worden, als die Mauer im Zuge mehrerer Restaurierungsphasen wieder hochgezogen wurde. Durchschnittlich war sie bei ihrer Freilegung nur etwa zwei Meter hoch erhalten. Entgegen einer immer wieder verbreiteten Ansicht, die auch jüngst wieder aufgegriffen wurde, ist es technisch nicht möglich, das Amphitheater für die Aufführung von Seeschlachten zu fluten. Bei dem neuerdings als Hinweis auf Wasserdichtigkeit angeführten Putzbefund handelt es sich um den Rest des Spritzsokkels aus üblichem Kalkputz mit Ziegelsplittzugabe – kein so genanntes *opus signinum* – am Fuß der Arenamauer. Parallel zur Mauer läuft noch eine kleine, heute nicht sichtbare Einarbeitung rings um die Arena. Hier war wohl eine zusätzliche Holzpalisade eingelassen.

Der Arenakeller von Norden nach Süden. Der Grundwasserspiegel sorgt für ständige leichte Überflutung.

Standort 7

Zwei moderne Ab- beziehungsweise Aufgänge führen in den kreuzförmigen Arenakeller und wieder hinaus. Die Lage der antiken Zugänge ist unbekannt. Vielleicht erst im Laufe des 3. Jahrhunderts angelegt, wurde der Keller im Laufe der Zeit systematisch erweitert. Dies bezeugen einige gut erhaltene Hölzer, die im sumpfähnlichen Boden des in der Nachantike verlandeten Kellers aufgefunden wurden. Sie sind mit Hilfe der Dendrochronologie in die Jahre zwischen 294 und 304 zu datieren. Eine späte Nutzung bezeugt eine Bohle des Jahres 694. Auch die Fundmünzen aus dem Keller wurden überwiegend im 3. und 4. Jahrhundert geprägt.

Die Hölzer sind einerseits Reste eines Bohlenbelages, andererseits aber auch Teile der verloren gegangenen Bühnenmaschinerie (Aufzüge). Man muss sich vor Augen führen, dass solche Keller – die meisten Amphitheater sind damit ausgestattet – der Dramaturgie der Aufführungen dienten. Eine Rekonstruktion dieser Aufzüge ist dadurch erschwert, dass gewiss nicht alle Befunde aus einer Zeit stammen. Die tiefen Löcher in den Ecken des ‚Hauptraumes‘ sind sicherlich keine Ausspaarungen für Zeltdachmaste. Auch sie müssen als Teile der Bühnenmaschinerie gedeutet werden. Zu den Holzfunden aus dem Keller zählen auch die Teile einer Pumpe, deren Notwendigkeit jeder Besucher einsieht. Weitere wichtige und bekannte Fundobjekte sind eine vollständige frühchristliche Elfenbeinbüchse, zahlreiche Verfluchungstäfelchen, besonders aus der Südostecke, und eine in eine Knochenscheibe eingeritzte Inschrift einer Nonne (*ancilla dei Rotsvinda*) aus dem 7. Jahrhundert. Alle Fundstücke werden im Rheinischen Landesmuseum Trier aufbewahrt.

Standort 8, nördlicher Zugang E2, Vomitorien 5 und 6
Nach dem Verlassen des Kellers durch den bergseitigen Aufgang empfiehlt es sich, den Nordausgang E1 mit den Vomitorien 5 und 6 aufzusuchen. Dieser war zur Arena hin durch eine doppelte Torsperre gesichert, denn das Amphitheater war, wie bei Standort 1 vermerkt, in den Verlauf der Stadtmauer integriert. Diese läuft links, also östlich des Nordausgangs, weiter nach Norden. Daher bildete dieser Zugang auch eine Art Stadttor, das jedoch für Schwerverkehr nicht geeignet war. Das eigentliche Stadttor dieser Region ist vielmehr vor dem Südeingang des Amphitheaters beim Tal des Olewiger Baches zu suchen. Beim Besuch des 5. Vomitoriums sind besonders die großen Keilsteine, mit denen einst die Gänge überdeckt waren, zu betrachten. Im Vomitorium 6 sind diese ergänzt.
Eine Schätzung der Zuschauerzahlen ist schwierig, da die Anzahl der Ränge unbekannt ist. Man wird jedoch mit mindestens 16.000, höchstens 20.000 Sitzplätzen rechnen können.

Vomitorium 5 beim nördlichen Zugang mit den noch am Bau befindlichen Gewölbesteinen.

74

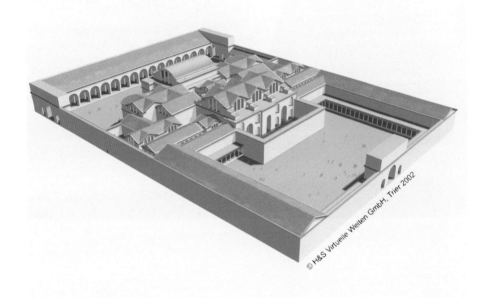

© H&S Virtuelle Welten GmbH, Trier 2002

Gesamtrekonstruktion
der Barbarathermen.
Stand 2002

Ansicht des Restes
einer Thermenfassade
im 16. oder frühen
17 Jh. Zeitgenössische
Zeichnung aus dem
Jesuiten-Archiv.
Luxemburg,
Staatsarchiv.

Die Barbarathermen

Dieser Baukomplex trägt seinen Namen nach einem mittelalterlichen Vorort der Stadt, einem Fischerdorf, das im Schatten
seiner heute verschwundenen Pfarrkirche St. Barbara an der
Mosel lag.

Entstehungszeit

Ansicht der Anlage aus der Luft von Süden.

Diese erste große Thermenanlage in Trier zählt wie die neue Brücke, die Stadtmauer und das Amphitheater zum ausgedehnten Bauprogramm der zweiten Hälfte des 2. Jahrhunderts (siehe S. 10–13). Die Thermen sind so gewaltig, dass sie als staatlich finanziertes Projekt gelten müssen. Somit bezeugen auch sie, wie oben angedeutet, die Anwesenheit eines hohen Vertreters der kaiserlichen Verwaltung in der Stadt. Die Anlage bedeckt einschließlich der sie umgebenden Säulenhallen, Parkanlagen und Sportplätze ein Geviert von 172 m x 240 m. Die Wohnbebauung zweier Häuserblöcke wurde niedergelegt, eine Straße überbaut. Selbst der Badetrakt besitzt noch eine Grundfläche von 172 m x 96 m. Mit dieser Ausdehnung war das Gebäude während seiner Entstehungszeit die zweitgrößte Thermenanlage im gesamten *imperium romanum*. Nur die von 104–09 in Rom errichteten Traiansthermen nahmen eine größere Grundfläche ein. Die politische Bedeutung der Trierer Thermen wird somit überdeutlich.

Rekonstruktion der
Thermen Ansicht aus
der Luft von Süden.

Der Komplex war mit seiner moselseitigen Flucht in eine Geländeaufhöhung gesetzt, die bereits zur Vorbereitung des Baues der neuen Brücke, der jetzt noch genutzten Römerbrücke, angeschüttet worden war. Neuerdings hat Thomas Fontaine mit dieser Geländeanhebung jene gleichgesetzt, die zur Aufgabe der beiden stadtseitigen Landpfeiler der Brücke führte. Dies ist nicht korrekt. Es handelt sich dabei um eine zweite, spätere, sicherlich mittelalterliche Auffüllung. Die Entstehungszeit wird unter anderem durch die Wandmalereien der zerstörten Wohnhäuser – die Wände waren noch bis zu zwei Meter hoch erhalten – und durch die Tatsache bestimmt, dass für ihre Errichtung die gleichen Werksteinlieferanten tätig wurden wie für die Porta Nigra. Auf eine gut lesbare Marke GIA wird beim Rundgang aufmerksam gemacht.

NUTZUNGSDAUER

Der Bau war lange in Betrieb und wurde während dieser Zeit anscheinend kaum verändert. Sein Ende kam mit den Verwüs-

79

tungen, die Trier in den ersten Jahrzehnten des 5. Jahrhunderts erleiden musste. Damals konnte selbstverständlich der Badebetrieb nicht mehr aufrechterhalten werden. Die Bevölkerung jedoch suchte Schutz hinter den meterdicken Mauern; erste deutliche Umbauten wurden vorgenommen. Dies bezeugt eine Keramikgattung die in Trier den Rufnamen ‚Barbarathermenware' trägt. Mit dem Untergang der Thermen erfolgt gewissermaßen die Grundsteinlegung des genannten Vorortes. Da frühchristliche Grabinschriften aus der Umgebung der Thermen stammen, kann die im Südostflügel des Badetraktes eingerichtete Salvatorkirche durchaus in merovingischer Zeit geweiht worden sein. Noch eine weitere Kirche, ‚St. Maria ad Pontem', benannt nach der nahe gelegenen Brükke, lag vielleicht noch auf dem Thermengelände; dies ist jedoch unsicher, da der Standort der 1673 von französischen Truppen gesprengten Kirche völlig unbekannt ist. Auf der bekannten Stadtansicht Merians ist sie nicht dargestellt. Autoren, die dieser Meinung sind, wie Thomas Fontaine, verwechseln sie mit der Pfarrkirche St. Barbara. Seit dem 11. Jahrhundert baute ein Trierer Geschlecht, das sich fortan ‚De Ponte' nannte, die Reste der Thermenanlage zum Kastell aus. Bis 1611 und 1673 blieben daher zwei spätestens seit dem Beginn des 16. Jahrhunderts unbewohnte, verfallende Bauteile erhalten, die Merian auf seinem Stich abbildet. Denselben Zustand gibt eine Zeichnung (S. 77) wieder, die Alexander Wiltheim im Archiv des Jesuitenklosters fand. Sie zeigt im Vordergrund eine säulengeschmückte Fassade (abgerissen 1611); im Hintergrund erhebt sich ein typischer mittelalterlicher Wehrturm. Er wurde nach seinen Eigentümern Richardsturm (zerstört 1673) genannt. Seit Felix Hettner interpretiert man die Schmuckfassade als die Front des Warmbadesales (C). Leider ist die Quellenlage nicht eindeutig. Falls nämlich die mittelalterlichen Reste bei Raum I als Spuren des Richardsturmes gewertet werden müssen, kann es sich bei der reich gegliederten Front nur um einen westlichen Eingangsbau der Thermen handeln.

Die prächtige antike Fassade wurde leider selbst in der Renaissance nicht mit der ihr gebührenden Achtung behandelt: Kaiser Maximilian ließ sie 1512, während des Reichstages zu Trier, mit Kanonen beschießen.

Nach Beendigung des Spanischen Erbfolgekrieges – Trier wurde 1675 von den kaiserlichen Truppen wiedererobert –, breitete sich ein Garten über die nun völlig unsichtbaren Thermentrümmer, die aber durch die Schriften der Jesuiten Brower, Maasen und Wiltheim im Gedächtnis blieben. Trierer

Ausschnitt der Ansicht Triers von Caspar Merian, rechts die Ruinen der Barbarathermen

Altertumsfreunde führten 1822 und 1825 Sondagen im Gelände durch; ab 1845, als bei einer Grabung vor der Nordfront der schöne Amazonentorso gefunden wurde, bekam das Interesse neuen Schwung: König Friedrich Wilhelm IV. von Preußen erwarb das heute umzäunte Gelände. Der Trierer Architekt Christian Wilhelm Schmidt, der die königliche Aufmerksamkeit ausgelöst hatte, führte in den folgenden Jahren mehrere Grabungen im Auftrag der Gesellschaft für Nützliche Forschungen durch. Seit Einrichtung des Provinzialmuseums 1877 übernahm dieses die Erforschung des Baues. Felix Hettner konnte 1891 den ersten ausführlichen Bericht vorlegen. Seither haben Nachgrabungen vor allem im heute wieder überbauten Westteil des Badetraktes unsere Kenntnisse erweitert.

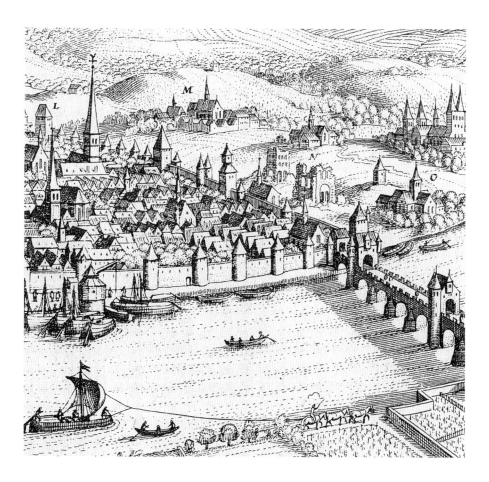

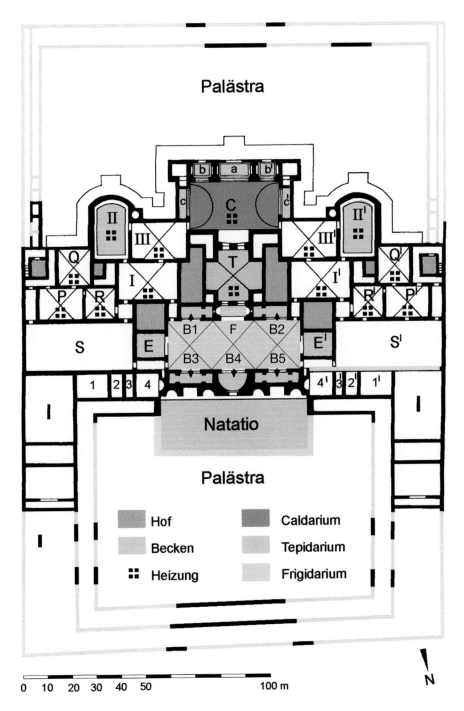

Palästra

b | a | b'

c | C | c'

II | III | T | III' | II'

Q | I | I' | Q'

P | R | R' | P'

S | E | B1 | F | B2 | E' | S'

B3 | B4 | B5

1 | 2 | 3 | 4 | 4' | 3' | 2' | 1'

I | I

Natatio

I | Palästra | I

	Hof		Caldarium
Becken		Tepidarium
Heizung		Frigidarium

0 10 20 30 40 50   100 m

N

Grundriss der großen
hadrianischen Thermen
von Leptis Magna.
Maßstabgleich
abgebildet.

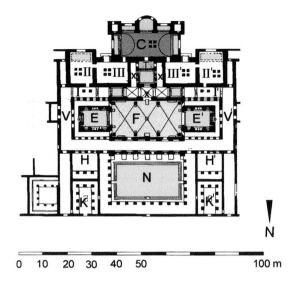

0   10   20   30   40   50   100 m

N

BAUTYPUS

Interessanterweise folgen die Thermen in ihrer Grundrissge-
staltung nicht stadtrömischem Formempfinden, sondern nordafrikanischen Vorbildern, wie zum Beispiel den großen hadrianischen Thermen von Leptis Magna in Libyen.

Diese Vorbilder machen sich in dreierlei Hinsicht bemerkbar:
Erstens springen die Eckräume II und II´ aus der Flucht der
Warmbadesaal-Front vor, zweitens besitzt der Kaltbadesaal (F)
an seinen Schmalseiten Wasserbecken – „Flügelpiscinen" – (E)
und drittens ragt auch das große Schwimmbecken (N) aus der
Nordflucht heraus.

Eine wohl regionale Besonderheit macht sich wahrscheinlich
in der Nutzung der Räume II und II´ bemerkbar. In Nordafrika
liegen dort meist ‚normale' Thermensäle oder gelegentlich die
Toilettenanlagen, hier in Trier sind sie jedoch als beheizte
Schwimmbäder ausgestaltet. Damals eine ‚Weltneuheit', die
allerdings keine Nachahmung erfuhr. Bedenkt man jedoch,
dass in den gallischen Provinzen zahlreiche private Badeanlagen über große beheizte Schwimmbecken verfügen, so ist diese
Raumnutzung leicht zu erklären: die Gallier und somit auch
die Treverer schwammen gern in warmem Wasser.

Im übrigen folgt die Raumordnung einem damals üblichen
Schema: Ein Warmbadesaal (C = *caldarium* = 35–40°C), ein
mäßig erwärmter Raum (T = *tepidarium* = 25°C) und ein Kalt-

Grundriss der
gesamten Anlage.

83

badesaal (F = *frigidarium* = Außentemperatur) liegen in einer Flucht. An den Kaltbadesaal schließt ein offenes, aber von einer hohen Mauer umgebenes Schwimmbad (N = *natatio*) an. Die Mauer besitzt dieselbe Höhe wie die Nebenräume des Frigidariums. Die Front des Caldariums ist nach Süden gerichtet, um die Sonneneinstrahlung zur Erwärmung auszunutzen. Rechts und links dieser Raumachse sind nach Süden beheizte Räume gruppiert (I und III), die als Anwendungsräume angesprochen werden können, nach Norden zunächst die Räume P, Q, R, die als Umkleideräume zu erklären sind, und die Räume S, die wahrscheinlich als gedeckte Empfangshallen dienten. Der Ort der Umkleideräume ist in den Planschemata nicht definiert, die Architekten hatten offenbar freie Hand bei der Gestaltung dieser Funktionsräume. Die Hallen S dagegen liegen stets beim Frigidarium. Die Lage der Umkleideräume an der Südseite der Barbarathermen ist sicherlich bedingt durch die Führung der Heizgänge, die der Architekt nicht zu weit nach Norden ziehen wollte. Sie spricht aber auch dafür, dass rechts und links in dieser Höhe Eingänge für das Publikum vorhanden waren, denn meist liegen die Umkleideräume in deren Nähe. Die Funktion der Räume 1 und 4 ist unbekannt, 2 enthielt die Toiletten, deren

Marmorverkleidungsrest in der Wanne B1.

Spülung mit dem Abwasser der Seitenbecken des Frigidariums erfolgte, 5 ist ein Flur. Nach dem Ende des Badewesens erhielt diese Raumgruppe im Westen eine Apsis. Sie wurde folglich in eine Kirche umgebaut. Es handelt sich mit großer Wahrscheinlichkeit um die oben genannte Salvatorkirche.

AUSSTATTUNG

Das ganze Gebäude besaß ursprünglich eine reiche Marmorausstattung, von der zahlreiche Reste zeugen. Einige Nischen waren mit Muscheln und Mosaiksteinen als Meeresgrotten gestaltet.

Darüber hinaus waren die Säle mit Statuen geschmückt, die als Torsen und in Bruchstücken bei den Grabungen ans Licht kamen. Einige sind als Kopien nach bekannten Statuen berühmter griechischer Bildhauer identifizierbar. Dazu zählt die schon erwähnte Amazone, die dem Phidias (470–430 v. Chr.) zugeschrieben wird, oder die ursprünglich mindestens 16 Statuen umfassende Gruppe der Niobe und ihrer Kinder, die dem Praxiteles (370–320 v.Chr.) oder dem Skopas (400–330

Schlafender Amor. Kaiserzeitliche Kopie nach einem Original des 2. oder 1. Jh. v. Chr.

85

Bein des zweitältesten Sohnes der Niobe. Kaiserzeitliche Kopie nach einem Original des 4. Jh. v. Chr.

v. Chr.) verdankt wird. Erhalten sind leider nur das Bein eines Sohnes und der Unterarm des Kindererziehers, der ebenfalls dargestellt war.

Ein schöner Torso eines Faustkämpfers, der beim Tepidarium gefunden wurde, ist ebenfalls in einigen anderen kaiserzeitlichen Kopien vertreten und erweist sich so als Kopie nach einem damals bekannten griechischen Vorbild der nachklassischen Zeit. Nach einem der kopierenden Bildhauer wird diese Statue als Athlet des Koblanos bezeichnet. In einem Fall war die Hoffnung leider trügerisch: Thomas Fontaine glaubte, ein Mantelbruchstück als Teil des berühmten Apoll im Belvedere

Torso der Amazone ‚Mattei'. Kopie eines unbekannten griechischen Bildhauers des 2. Jh. n. Chr. nach einem um 440 v. Chr. von Phidias geschaffenen Bronzeoriginal.

des Vatikan identifizieren zu können. Das ist leider unrichtig, wie ein Vergleich mit dem Original lehrt; man wird weiter nach dem Vorbild suchen müssen. Natürlich waren neben den in römischer Zeit berühmten Bildwerken der griechischen Klassik und Nachklassik auch zeitgenössische Porträts aufgestellt. Eines hat man fälschlich als Julia Soaemias († 222), Mutter des Kaisers Elagabal (217/18–222), gedeutet.

FENSTER

Ohne die Erfindung des Fensterglases am Anfang des 1. Jahrhunderts v. Chr. und die systematische Verbesserung dieses Baustoffes sind Thermenanlagen der Kaiserzeit nicht denkbar. Lichtdurchflutete und doch warme Räume sind nur mit diesem Werkstoff herstellbar. An Hand der erhaltenen Fensterrahmen aus den Thermen der im Jahre 79 n. Chr. durch den Vesuvausbruch zerstörten Städte Pompei und Herculaneum lassen sich die Scheibengrößen abschätzen: quadratische Scheiben von 70 x 70 beziehungsweise 80 x 80 cm sind keine Seltenheit. Ein Beispiel dafür, dass den römischen Architekten bereits das Problem der Wärmedämmung bekannt war, ist in den Vor-

© H&S Virtuelle Welten GmbH, Trier 2002

stadtthermen von Herkulaneum bewahrt: Das Caldarium besitzt Doppelfenster. Auch diese Einrichtung wird in Trier eine Selbstverständlichkeit gewesen sein.

Allein für den Betrieb der innerhalb des Badegebäudes untergebrachten Becken waren rund 1250 m³ Wasser erforderlich. Wie diese zur Verfügung gestellt wurden, ist nicht bekannt, da in Thermennähe bisher keine Wasserleitungsreste identifiziert werden konnten. Üblicherweise wurden für solche Großthermen Wasserleitungen nicht direkt angezapft, da die städtische Versorgung bei der Abnahme so großer Mengen einen zu hohen Druckverlust erlitten hätte. Man errichtete deshalb Zwischenspeicher, die meist in den Umfassungsgebäuden lagen. Bei den Barbarathermen war ein solcher Speicher vielleicht in dem bei Wiltheim abgebildeten Gebäude untergebracht, denn eine Beschreibung behauptet, im oberen Teil dieser Baumasse habe sich ein Fischteich befunden. Die für den Betrieb notwendigen Wasserleitungen waren aus Bleirohren hergestellt, Wasserhähne und Beckenverschlüsse aus Bronze. Letzteres weiß man freilich nur von anderen Anlagen; in den Barbarathermen wurden solche Gegenstände nicht gefunden. Zur leichteren Verlegung der Bleirohre wurden in den Wänden Tonröhren vermauert, durch welche die eigentlichen Wasserleitungen bei der Fertigstellung des Baues hindurch geschoben werden konnten. Durch gleiche Tonröhren wurde auch die Dachentwässerung zum Kanal geführt.

Die Nutzung erfolgte nach Regeln, die sich seit Anfang des 1. Jahrhunderts v. Chr. durchgesetzt hatten: Von den Aus- beziehungsweise Umkleideräumen begab man sich entweder zügig durch das Frigidarium über das Tepidarium in das Caldarium oder man suchte zuerst die Schwitz- und Massageräume I–III (II wie beschrieben in Trier anders genutzt) und ging von dort schon ein wenig vorgewärmt in das Caldarium. Mit diesem Raum beginnt der eigentliche Badevorgang. Man hält sich zunächst längere Zeit im Warmwasserbecken auf. Je nach Wunsch kann man sich mit heißen Güssen verwöhnen lassen. Dann genießt man eine leichte Abkühlung imTepida-

Das Frigidarium. Blick nach Osten auf eines der Badebecken an der östlichen Schmalseite.

Das Frigidarium. Rekonstruktion des Rohbaues ohne Marmorverkleidung.

© H&S Virtuelle Welten GmbH, Trier 2002

rium; hier können auch Anwendungen mit lauwarmem Wasser in kleineren Becken oder Badestühlen stattfinden. Im Frigidarium schließlich entspannt sich der Badegast in frischen, kaltem Wasser, wie es die Leitung bietet.

Üblicherweise baden Frauen und Männer getrennt. Die Badeordnung kleiner Thermenanlagen sieht vor, dass Frauen bei etwas höherem Eintrittsgeld den Vormittag nutzen, Männer den Nachmittag. Den Frauen werden wahrscheinlich die nächtlichen Reinigungskosten aufgeschlagen. In den Großthermen herrschte wohl nur in den doppelt vorhandenen Räumen, in denen man sich völlig entkleidet aufhielt, Geschlechtertrennung.

RUNDGANG

Der moderne Besucher muss leider einem Weg folgen, der nicht den antiken Gegebenheiten entspricht. Natürlich waren damals die Bedienungsebene, in der sich die Heizer bewegten, und die Badegastebene strikt getrennt. Wobei nicht auszuschließen ist, dass es Verbindungstüren gab, aber diese waren sicherlich allein dem Personal zugänglich. Eine solche Verbindung kann möglicherweise bei den Wendeltreppen neben den geheizten Schwimmbädern bestanden haben; selbstverständlich führten diese aber auch aufs Dach, während die Treppen beim Tepidarium ausschließlich einen Zugang zum Dach der Anlage bildeten. Die Säulen, die im Gelände aufgestellt sind, haben bis auf zwei im Frigidarium mit der ursprünglichen Raumgliederung nichts zu tun; sie sind lediglich moderner Raumschmuck.

Standort 1

Vom Informationsstand im Raum S aus, der sicherlich kein Hof, sondern ein mit einer flachen Holzdecke überspannter Saal war, ist es möglich, sich zunächst wie ein Badegast in der Anlage zu bewegen: Man geht entlang der so genannten Flügelpiscine E in das Frigidarium F. Der rechteckige Hauptraum hatte eine Größe von 54 x 22 m. Die Porta Nigra einschließlich der mittelalterlichen Apsis findet in dem Saal Platz, der nur unwesentlich kleiner als die Trierer Basilika (57 x 27 m) ist. Einschließlich der Flügelpiscinen E erreicht er sogar eine Länge von fast 80 m. Der Raum war mit einem dreifachen Kreuzgratgewölbe überspannt, dessen zentraler Abschnitt von vier mächtigen Säulen getragen wurde. Die beiden kleinen

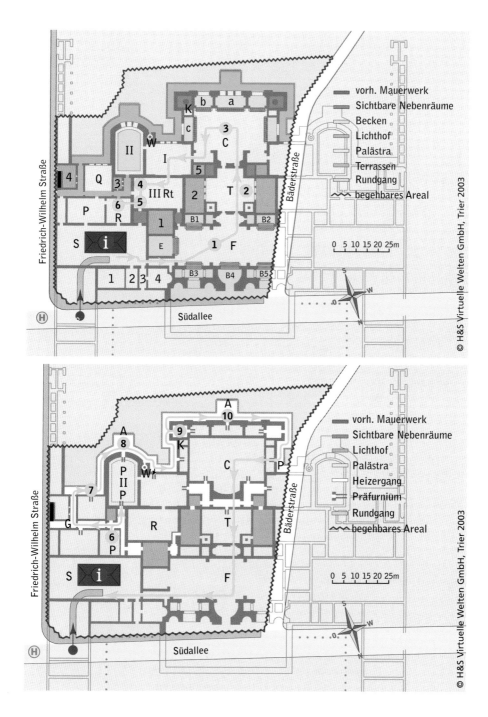

Säulen vor den Mauerresten markieren den Standort von zwei Säulen dieser Gruppe. Die Große Säule im Zentrum steht nicht an einem antiken Standort; sie bezeichnet lediglich die Mitte des Frigidariums. Rechts und links der Längsachse schließen sich die Becken B an. In B1 und spärlicher in B4 sind Reste der marmornen Beckenverkleidung erhalten. Das Becken B4 stand wahrscheinlich mit der davor liegenden Natatio in Verbindung. Ob diese während der gesamten Nutzungszeit der Anlage in Betrieb war, muss bezweifelt werden. Die Gitter im Boden zeigen den Verlauf der Hauptentwässerungskanäle an. Sie waren natürlich in römischer Zeit geschlossen.

Blick von Osten über den Hof 2 auf das Tepidarium.

Baumaterialien

Die Mauern bestehen wie die des Amphitheaters aus dem in der Kaiserzeit üblichen zweischaligen Mauerwerk. Die Blend-schichten sind aus Kalksteinquadern (14 x 9 cm) aufgemauert;

94

Das Caldarium. Im Hintergrund die Wannen a, b und d.

in überwiegend regelmäßigen Abständen von etwa 60 cm durchziehen Ziegelschichten die Mauern. Der Mauerkern ist aus Gussmauerwerk (*opus caementicium*) hergestellt. An einigen Stellen – auch an Ecken – sind zur Verbesserung der Tragfähigkeit der Mauern große Weißsandstein-Quader eingefügt. Am Weg entlang des Raumes E sind solche Eckverstärkungen gut zu sehen.

Standort 2

Das kreuzförmig gestaltete Tepidarium betritt und verlässt man durch doppelte Türen. In den Kreuzarmen rechts und links dürften sich Wasserbecken befunden haben. Das Tepidarium erfüllt nicht nur den Anspruch des Badegastes, sich langsam auf den Temperaturwechsel von Caldarium zu Frigidarium umzustellen, sondern auch den bautechnischen Zweck des Wärmepuffers: Es trennt das sehr warme Caldariums vom relativ kühlen Frigidarium.

Standort 3

Den Besucher umfängt das 35,5 m x 19 m weite Caldarium. Es war wahrscheinlich mit einem Tonnengewölbe überspannt, wie die Vergleiche aus Nordafrika lehren. Tiefe Löcher vor der Ost-, Süd- und Westmauer zeigen die Lage der Badebecken. Unter den großen Ziegelbögen in denselben Mauern befanden sich einst die Präfurnien. An der Südwand oberhalb des Präfurniums erkennt man noch das Leerrohr für einen Wasserabfluss.

Der Lichthof 2. Gut erkennbar sind die großen Kalksteinblöcke, die in regelmäßigen Abständen aus Stabilitätsgründen in das Mauerwerk eingelassen sind.

Standort 4

Man verlässt das Caldarium in Richtung Schwitz- und Massageräume I und III. Auf dem Weg beachte man rechts vor den Außenmauern die Reste der Regenrinnen, die einst den Bau außen umgaben. Nach dem Durchqueren dieser Räume – vorbei am Lichthof 2 – schaut man von diesem Haltepunkt durch eine vielleicht moderne Tür in eines der oben erwähnten geheizten Schwimmbäder (II). Mit einer Beckengröße von 11 x 21 m und

rechts oben:
Das Schwimmbad II
von Standort 4 aus.

rechts unten:
Dasselbe Schwimmbad
von Süden.

einer Tiefe von 1,4 m erfüllen diese fast moderne Ansprüche.
Alle diese Räume waren elegant überwölbt. Raum III ist wohl der
Standort des 1673 niedergelegten Richardsturmes.

Standort 5
Überwölbt waren auch die geheizten Umkleideräume R, P und
Q. In Raum P ist ein Beispiel des Bodenaufbaues einer Hypo-
kausten-Heizung modern aufgebaut.

Standort 6
Durch ein ehemaliges Präfurnium des Raumes R betritt man
die Kellerebene. Dies ist die Welt der Heizer, von hier aus
wurde aber auch die Wasserversorgung kontrolliert. Dem Präfurnium genau gegenüber befindet sich der Lichthof 3. An seinen Wänden haften noch Reste eines mit viel Ziegelsplitt
durchsetzten Kalkputzes, wie er in fast allen Innenhöfen der
Anlage beobachtet werden kann. Geht man rechts im früher
ebenfalls überwölbten Gang an diesem Hof vorbei, so steht
man vor einem der Präfurnien des beheizten Schwimmbades
II. Wendet man sich wieder nach links und folgt dem Gang, so
kann man links zwei Lehrrohre der Dachentwässerung der
Räume R, P, Q entdecken. Auch das restaurierte Präfurnium des
Raumes P ist einen Blick wert.

Ansicht des östlichen
Traktes des Kernbaues
von einem erhöhten
Standpunkt. Man
schaut über das
Tepidarium auf die
Räume I II III und P Q
R. In P befindet sich
eine Rekonstruktion
einer Hypokausten-
einrichtung.

Heizung und Warmwasserbereitung

Die Erwärmung der Räume erfolgte, wie an den Standorten 5 und 6 gut erkennbar, durch die damals wohlbekannte Fußbodenheizung. Sie diente auch zur Erwärmung der Badebecken. Diese technische Einrichtung ist in den Barbarathermen gut erhalten. Zwar sind nicht alle Einzelheiten an einem Platz erfahrbar, aber der Besucher ist durchaus in die Lage versetzt, ein Puzzle zusammenzufügen, um so seine Kenntnis zu vertiefen.

Die Anlage besteht aus dem *praefurnium*, einem verschließbaren Mauerdurchlass, der mit zwei Wangenmauern etwa zwei Meter weit in einen Hohlraum unter dem Boden des zu erwär-

menden Raumes hineinreicht. Der Boden dieses Heizkanals wird aus senkrecht gestellten Ziegeln gebildet. Zwischen den Wangenmauern wird ein Oberluftfeuer entzündet. Als Brennmaterial diente meist Holzkohle. Dies ist daran zu erkennen, dass die Hohlräume unter den Zimmern und die Luftzüge selten verrußt sind. Der Hohlraum (*hypokaustum*) wird dadurch gebildet, dass auf einem unteren Estrich Ziegelpfeiler aus runden oder quadratischen Ziegeln errichtet werden. Auf diesen Pfeilern liegen große Ziegelplatten. Sie bilden die erste Bodenschicht. Darauf folgen zwei Estrichschichten und schließlich der Bodenbelag. Der obere Boden kann eine Stärke von 30 – 40 cm erreichen. Dies ist wichtig, denn der Boden dient als Wärmespeicher. Für eine gleichmäßige Verteilung der Wärme dienen Luftzüge aus Hohlziegeln (tubuli), die den Hohlraum mit der Außenluft verbinden und bei geöffneter Heiztür für die entsprechende Luftzirkulation sorgen. Häufig werden auch noch die Wände beheizt, indem zwischen Mauer

Das Präfurnium bei Standort 7.

und Verputz durch Hohlziegel oder Ziegelplatten mit Abstandshaltern wärmeleitende Hohlräume geschaffen werden. In dieser Weise können auch Wasserbecken rundum erwärmt werden.

Der Gang umrundet im weiteren Verlauf unterirdisch den Raum Q und führt vorbei an einem sehr gut erhalten Präfurnium des Raumes Q zum zweiten Präfurnium des Schwimmbades. Im Gang befindet sich ein vor der Südseite des Raumes Q beginnender Hauptwasserkanal, der früher sorgfältig mit Ziegeln ausgekleidet war. Ob er auch abgedeckt gewesen ist, lässt sich nicht mehr feststellen.

Standort 7

Ein besonders gut erhaltenes, nur geringfügig restauriertes Präfurnium vermittelt hier eine gute Vorstellung von der heiztechnischen Einrichtung. Das Feuer brannte in dem schräg ansteigenden Fuchs.

Dasselbe Präfurnium rekonstruiert.

© H&S Virtuelle Welten GmbH, Trier 2003

Standort 8

Die Steinbruchmarke zwischen Standort 8 und 9

Rechts und links von diesem zweiten Präfurnium des beheizten Schwimmbades, das zur Materialgewinnung völlig zerstört wurde, erblickt man zwei mächtige, zum Teil modern in Beton ergänzte Weißsandsteinblöcke, die hier aus statischen Gründen eingefügt wurden. Schaut man über den Raum zum Standort 4, so erblickt man in der Ecke unter der Tür des Fußbodens des Raumes. Wendet man sich um, so schaut man in einen Aufenthaltsraum der Heizer.

Weiter geht es an der bereits oben erwähnten Wendeltreppe vorbei zum Standort 9. Ehe man diesen erreicht, kann man beim Präfurnium des Raumes I die oben bereits erwähnte Steinbruchmarke GIA rechts in einer modernen Aussparung des Ziegelmauerwerkes lesen (➤ im Begehungsplan).

Der Kellergang nahe
Standort 9.

Standort 9

Wir befinden uns in einem der Kesselhäuser (K) des Caldariums. Für die Wassertemperaturen der Wannen im Caldarium – sie liegen bei 40° – reichen die beschriebenen Vorkehrungen der Hypokaustenheizung nämlich nicht aus. Für diesen Zweck standen in allen Thermen in entsprechend platzierten Kesselhäusern große Boiler bereit. Die Kessel der Barbarathermen hatten einen Durchmesser von 2,5–3 m und eine Höhe von etwa 12 m, denn mit ihrer Hilfe mussten Becken von mindestens 110 m² Fassungsvermögen mit heißem Wasser versorgt werden. Sie waren von einer Treppe umgeben und aus Gründen der Festigkeit mindestens zur Hälfte von einer Mantelmauer umschlossen. Die Boiler arbeiten in der Art der modernen Durchlauferhitzer: im unteren Drittel wird ständig etwa 80° heißes Wasser bereitgehalten; im oberen Bereich fließt Frischwasser zu, nimmt langsam die richtige Temperatur an und wird bei Erreichen derselben in die Becken geleitet. Zur

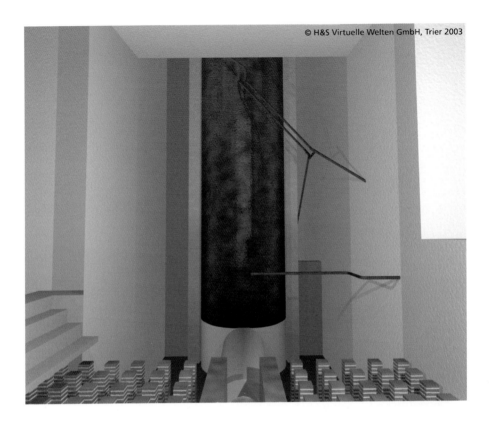

Erhaltung der Wasserqualität und der Temperatur sind die Becken mit einem Überlauf ausgestattet. Es fließt stets soviel gebrauchtes Wasser ab, wie frisches ins Becken gefüllt wird. Mit dem Boiler zugleich wurde von hier aus mit Hilfe eines Präfurniums auch das anschließende Becken beheizt.

Standort 10

Hier liegt ein weiterer Aufenthaltsraum für die Heizer gegenüber dem Präfurnium des mittleren Beckens des Caldariums. Von dieser Stelle an bringt der Weg nichts neues, die Anlage ist spiegelsymmetrisch wiederholt; man kann zum Informationszentrum zurückkehren oder den Gang weiterverfolgen, bis man durch ein Präfurnium ins Caldarium hinaufsteigen kann.

Standort 11

Beim Weg zum Ausgang vorbei an den Räumen 1, 2, 3 und 4 erkennt man im Raum 2 an der gegenüberliegenden Wand

Rekonstruktion des Kesselhauses bei Standort 9 vom Becken b aus gesehen. Die Trennwand wurde aus Gründen der Übersicht fortgelassen, Vorn die Hypokaustenpfeiler – der Estrich fehlt. Links die Stufen, die in Becken führen. Im Hintergrund der Boiler über dem Präfurnium. Die Ummantelung ist nicht dargestellt.

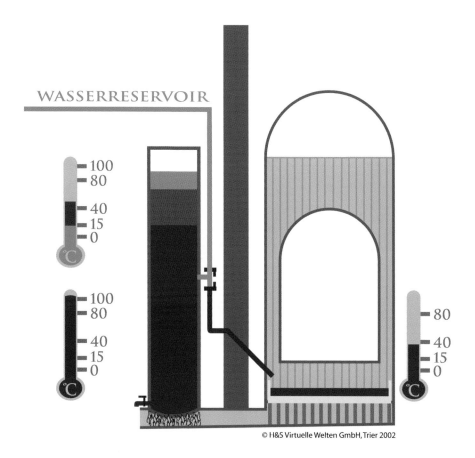

WASSERRESERVOIR

Schematische Darstellung der Warmwasserbereitung für die Badebecken des Caldariums.

zwei Kanaldurchbrüche: Öffnungen für die Spülung der in diesem Raum untergebrachten Toilette. Das Wasser lieferte das Becken in E. Kurz vor dem Verlassen des Areals blickt man in einem Grabungsloch an der Schmalseite des Raumes 1 auf die Fundamente einer mittelalterlichen Apsis, wahrscheinlich die der Salvatorkirche.

Die Thermen am Viehmarkt

Bei der Anlage einer Tiefgarage unter dem Viehmarktplatz und den Ausschachtungen für ein Gebäude der Stadtsparkasse – die Arbeiten begannen im Oktober 1987 und endeten 1994 – stieß man auf zahlreiche Zeugnisse der römischen, mittelalterlichen und frühneuzeitlichen Vergangenheit der Stadt. Der Marktplatz selbst war in der bis zu diesem Jahr bekannten Gestalt erst im Jahre 1812 entstanden, als die französische Verwaltung durch spanische Kriegsgefangene die Klostergebäude des Kapuzinerklosters, seinen Garten und einen kleinen Vorplatz innerhalb eines alten Straßendreiecks einplanierten. Das Kloster, ab 1616 im Judenviertel und zum größten Teil auf dem Judenfriedhof errichtet, erhielt mit Hilfe einer Stiftung Lothar von Metternichs 1617 sein erstes Kirchengebäude. Es wurde 1762–64 durch eine neue Klosterkirche längs der Stresemannstraße ersetzt. Diese überlebte zunächst den Abbruch des Klosters. Sie bildete die Keimzelle für das Trierer Stadttheater, das seit 1802 als privates Unternehmen durch einen Schankwirt gegründet und 1811 in städtische Leitung übernommen wurde. Der Kirchenumbau wurde freilich 1900 durch einen Neubau ersetzt,

der im Zweiten Weltkrieg zerstört und nicht wieder aufgebaut wurde. An seiner Stelle erhebt sich jetzt ein Bürohaus.

Aufgrund der Lage des Platzes im Zentrum der römischen Stadt, nahe dem Forum, war schon vor Grabungsbeginn klar, dass eine größere Aufgabe bevorstand. Auch das Vorhandensein eines ausgedehnten Gebäudes konnte vermutet werden, weil beim Neubau des Bürohauses Lehr starke Mauern zutage kamen. Teile einer Wohnbebauung waren bei der Anlage eines Löschbeckens und einiger Splittergräben – beides 1944 aus Luftschutzgründen angelegt – entdeckt worden.

Die Grabungen auf der Marktfläche und in den umgebenden Straßen führten zurück in die Besiedlungsgeschichte der Trierer Talweite und in die Gründungszeit der Stadt. Zeugen der frühen Besiedlung des Tales bilden einige urnenfelderzeitliche Bestattungen (um 1000 v.Chr.). Aus der römischen Epoche konnte eine fast vollständige Insula erforscht werden; ferner kam eine Straßenkreuzung einschließlich der angrenzenden Wohnbebauung ans Licht. Die Straße besaß zunächst die für die Frühzeit der Stadt typische Rotsandsteinschotterung, auf der eine mehrschichtige mörtelgebundene Kiesdecke als Fahr-

Blick vom Standort 1 über die Mauern des Gebäudes.

bahn aufgebracht wurde. Die Häuser der Gründungszeit haben kaum Spuren hinterlassen, da in den dreißiger Jahren gründlich saniert wurde. In dieser Zeit entstanden einige qualitätvolle Wandmalereien. Sie blieben erhalten, weil die Fachwerkwände, auf die sie aufgebracht waren, im Rahmen der nächsten Neubebauung lediglich umgeworfen wurden. Die nächste Bebauungsphase beginnt eine Generation später. Die Fachwerkhäuser wurden durch Steinbauten ersetzt. In dieser Zeit werden auch die die Straßen seitlich begleitenden Rinnen als Holzkanäle gestaltet. Da der Schutt der älteren Häuser nicht abtransportiert, sondern an Ort und Stelle einplaniert wurde, war es notwendig, auch die Straße anzuheben. Auf die alte Fahrbahndecke breitete man eine neue Kalksteinschotterung und legte eine neue Decke – wie die alte aus mörtelgebundenem Kies – darüber. Noch vor der Mitte des 2. Jahrhunderts wurde die Wohnbebauung einer ganzen Insula niedergelegt und durch ein repräsentatives Gebäude ersetzt.

Das Becken in Raum F. Dieser große Bau, obwohl auf den ersten Blick sehr einfach

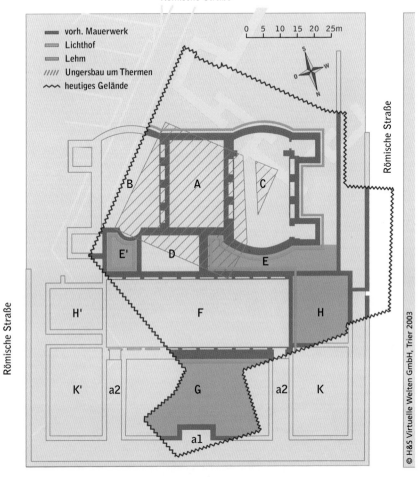

Römische Straße

vorh. Mauerwerk
Lichthof
Lehm
///// Ungersbau um Thermen
∿∿ heutiges Gelände

0 5 10 15 20 25m

Römische Straße

Römische Straße

B   A   C

E'   D   E

H'   F   H

K'   a2   G   a2   K

a1

Römische Straße

© H&S Virtuelle Welten GmbH, Trier 2003

gegliedert, entzieht sich hartnäckig der Interpretation. Daher formuliert denn auch die erste zusammenfassende Arbeit aus der Feder Peter Hoffmanns zurecht mehr Fragen als Antworten. Fest steht allein, dass der Bau in der ersten Phase nicht als Badeanstalt dienen konnte. Es gab weder eine entsprechende

Grundriss der ersten Bauphase des Gebäudes.

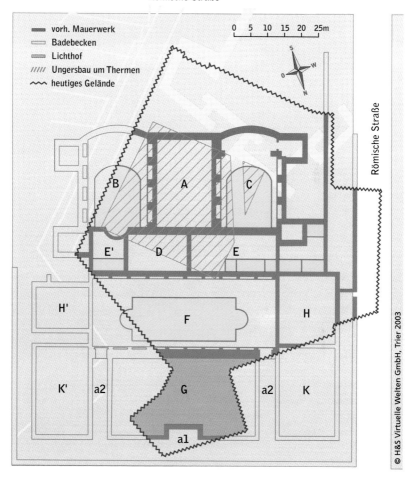

Römische Straße

vorh. Mauerwerk
Badebecken
Lichthof
///// Ungersbau um Thermen
heutiges Gelände

0 5 10 15 20 25m

Römische Straße

Römische Straße

B   A   C

E'   D   E

H'   F   H

K'   a2   G   a2   K

a1

© H&S Virtuelle Welten GmbH, Trier 2003

Römische Straße

Grundriss der zweiten Bauphase des Gebäudes nach dem Umbau in eine Badeanstalt.

Heizanlage noch die notwendigen Wasserableitungskanäle und ebenso wenig die Verbindungstüren zwischen den Sälen, die ein geregelter Badeablauf erfordert. Alle diese Einrichtungen stammen erst aus der Zeit der Umnutzung des Gebäudes Anfang des 4. Jahrhunderts.

Fast der gesamte Kernbau (siehe Grundriss) ist von einer
Lehmpackung umgeben, die darauf hinweist, dass hier Ober-
flächenwasser von den Mauern ferngehalten werden sollte.
Das hat nur Sinn, wenn es sich bei den Innenräumen um
genutzte Kellerräume handelt, wofür die Qualität des Mauer-
werks spricht.

DER GRUNDRISS DER 1. BAUPHASE

Zumindest die nördliche Hälfte der Insula war von einer Portikus (a1) umgeben. In der Mitte der Nordseite befand sich
anscheinend ein portalähnlicher Vorbau, der in einen Hof (G)
führte, an den südlich ein großer Raum (F) angrenzte. Dieser
war vom Hof aus nicht betretbar, sondern nur durch zwei Portiken (a2). Ob die Räume rechts und links der Portiken (K)
bereits in der ersten Bauphase als überdeckt rekonstruiert werden dürfen ist unsicher, aber nicht unwahrscheinlich. Die Tatsache, dass die Wände dieser Räume zum Teil stumpf gegen
den Kernbau stoßen, spricht nicht gegen eine zeitgleiche Ent-
stehung. Solche so genannten Baufugen können auch kons-
truktiv bedingt sein. Raum H war in der 1. Phase sicher ein Hof.
Das Becken in Raum F hat wohl in dieser Zeit noch nicht existiert. Die Wandnischen dagegen, zum Teil als Fenster gestaltet,
gehören wohl schon in diese Phase. Raum E war in der ersten
Phase ein Hof, ebenso E´. Die Funktion des Raumes D ist
unklar. Es muss sich jedoch um einen Durchgangsraum nach
A und B handeln. Die nächsten Säle A, B und C bilden nur auf
den ersten Blick eine Raumgruppe. A und B kommunizieren
nicht untereinander, auch nicht in der zweiten Phase. C und A
dagegen waren an der Südseite durch eine Tür miteinander
verbunden. C1 und C2 können in der ersten Phase Treppen-
häuser gewesen sein.

DER GRUNDRISS DER 2. BAUPHASE

Im Raum F wird ein Becken eingerichtet; an seiner Südseite
wird später nachträglich eine Sitzbank angebracht. Der Raum
erhält einen neuen Boden. Die gebogene Nordwand des Raumes C wird bis auf Kellergangniveau – an den Ecken sogar tiefer – abgetragen, der Saal nun durch eine gerade Wand abge-

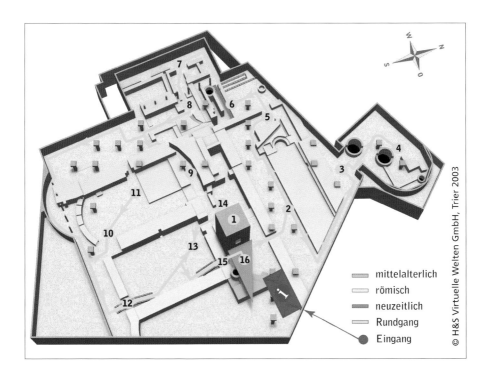

© H&S Virtuelle Welten GmbH, Trier 2003

Legende:
- ▭ mittelalterlich
- ▭ römisch
- ▭ neuzeitlich
- ▭ Rundgang
- ● Eingang

Isometrischer Plan des Rundganges.
Nachantike Einbauten schwarz.

schlossen. Eine Heizung wird installiert, ein Badebecken eingebaut. Das gleiche gilt für Saal B. Diese beiden Säle sind von der badetechnischen Einrichtung her gleichwertig, daher ist es nicht möglich, zwischen Tepidarium und Caldarium zu differenzieren. Auch Raum H wird – ebenso wie Raum D – mit einer Heizung versehen. Mehrfach wird auch Raum C 2 vergrößert. An diesem Beispiel wird deutlich, dass nach der generellen Umnutzung des Gebäudes die Bautätigkeit nicht abgeschlossen ist. Immer wieder erfolgten kleinere Veränderungen. Im ehemaligen Hof E wurden kleine Becken angelegt, die für die Beckenentwässerung benötigten Kanäle erstellt und an einen neuen Hauptkanal unter der westlich angrenzenden Straße angeschlossen.

Auf Grund der Tatsache, dass in diesem Gebäude die zu fordernden Kommunikationswege fehlen und eine eindeutige Unterscheidung von Tepidarium und Caldarium nicht möglich ist, sollte man es nicht als Thermenanlage ansprechen. Der Begriff *balneum* (= Bad) ist angebrachter.

Die nachantiken Baureste werden im Laufe des Rundganges beschrieben.

Standort 1

Die Plattform des Treppenturmes in Raum D vermittelt einen
sehr guten Eindruck der konservierten Räumlichkeiten. Man
schaut auf die Räume A, B und C, sieht deutlich die nachträglich eingerichtete Heizungsanlage in B und erkennt auch die
Reste von Klostermauern, welche die römischen Mauern
schräg überlagern.

Baumaterial

Die Mauern bestehen aus dem schon mehrfach beschriebenen
zweischaligen Mauerwerk. Die Kalkstein-Handquadern mes-
sen durchschnittlich 10 x 20 cm. Die Wände erreichen eine
Stärke von bis zu 2, 50 m. Eine Eigenheit, auf die besonders
aufmerksam gemacht werden muss, ist die Tatsache, dass die
Hauptmauern keine Gussfundamente besitzen. Das überall
sichtbare, sorgfältig ausgeführte Mauerwerk ruht unmittelbar
auf den Rollierung-Schichten aus losem Steinmaterial, die
bekanntlich als Drainage-Schichten eingebracht wurden.
Diese Eigenheit ist deshalb für den Besucher wichtig, weil er
sich vor Augen führen muss, dass er überwiegend Fundamente besichtigt, ohne dass dies an der Mauerstruktur sofort
erkennbar wäre.

Standort 2

Hier kann man einen Blick in den Raum F mit seinem nachträglich eingerichteten Wasserbecken und auf den Rest der in
einer zweiten Phase installierten Sitzbank werfen. Links davon
wurde eine Teil der Beckenwand restauriert.

Standort 3

Die Platten auf dem Boden dienten einst als Pflaster des Hofes
G, der an die Außenwand des Raumes F angrenzte.

Standort 4

In diesem Nebenraum befindet man sich ebenfalls im Hof G.
Der Blick fällt zunächst auf zwei große mittelalterliche Brunnen. Der massive Mauerwinkel hinter dem zweiten Brunnen ist
ein Rest der römischen Eingangsportikus. Die schwächere
Mauer und der kleine Brunnen sind natürlich mittelalterlich.

Standort 5

Zurück um das Becken des Raumes F führt der Weg zu diesem

Pflasterplatten des
Hofes G bei
Standort 3.

Haltepunkt. Beim Blick nach links und geradeaus auf die gegenüberliegende Nischenwand wird deutlich, dass man zwischen Fundamenten geht, denn am Beckenrand und in der Ecke gegenüber sind in über 2 m Höhe Reste des alten Fußbodens erhalten. In dem Mauerklotz links, der den Fußboden trägt, verläuft der Kanal der Beckenentwässerung und ein zweiter, dessen Funktion ungeklärt ist.

Standort 6
Der Weg zu diesem Standort führt vorbei an einer römischen Badewanne, die nicht aus diesem Gebäude stammt, sondern in

einem Haus an der Einmündung der Karl-Marx-Straße in die
Feldstraße vor dem Haus Karl-Marx-Straße 48 gefunden
wurde. Unten in der Wandung ist sogar noch das Bleirohr der
Abwasserleitung vorhanden. Der Standort selbst gewährt einen
Blick auf die Lehmisolierung des Fundamentmauerwerkes und
die nachträglich eingerichteten Heizungsanlagen in Raum H.
Auffallend ist das große Präfurnium aus Sandsteinblöcken.
Rechts ein weiterer mittelalterlicher Brunnen.

Mittelalterliche
Brunnen bei
Standort 4.

Standort 7
Man steht hier auf der römischen Nord-Süd-Straße, die oben
auf dem Viehmarktplatz in der Pflasterung angedeutet ist. Die

Die Abwasserkanäle
des Beckens im Raum F
bei Standort 5.

Die Badewanne von
der Karl-Marx-Straße.

Der römische
Straßenkanal bei
Standort 7.

Die Lehm-Fundament-
abdichtung bei
Standort 6.

118

Ein im Zuge des Umbaues des Gebäudes zum Bad im Raum C eingerichtetes Präfurnium aus Sandsteinquadern.

Mauern links gehören zur Portikus a1, ebenso die Mauer geradeaus, an die sich ein spätantiker Straßenkanal anlehnt. In diesen Kanal mündet von links ein anderer, der zur Entwässerung der Badeanlagen diente.

Standort 8

Hier, im mehrfach umgebauten Raum C2, ist die ursprüngliche Raumanordnung kaum noch zu erkennen. Zur ersten Bauphase gehört lediglich der Raum rechts. Geradeaus liegt eines der Badebecken, die in der letzten Bauphase im Raum E eingerichtet wurden. Der weitere Weg führt durch Raum C 2 zum

Standort 9

Der Kellergang wurde im 4. Jahrhundert durch den Abbruch der geschwungenen Mauer und die Errichtung der geraden Abschlusswand des Saales C gebildet. Wie weit die alte Mauer niedergelegt wurde, ist leicht am Mauerwerk erkennbar, denn die neuen Mauerteile des 4. Jahrhunderts sind aus Buntsand-

119

stein und Ziegeln hergestellt. Durch das gut erhaltene Präfurnium des Saales C schaut man hinauf in die Reste der beheizten Wanne. Man umrundet anschließend den Saal C und gelangt vorbei an einem wahrscheinlich spätantiken Mauerklotz durch einen breiten Mauer-Ausbruch zum nächsten Standort.

Blick in den Kellergang, von dem aus die Wanne in Raum B beheizt wurde.

Standort 10
Auch im Raum C steht man zwischen den Fundamenten. Das ursprüngliche Bodenniveau lag in Höhe der seitlichen Nischen. Dort sind auch einige Estrichreste erhalten.

Standort 11
Der große Mauerklotz links bildet den Unterbau für die nachträglich eingebaute Wanne, die muldenförmig gebildet war. Ganz hinten links befindet sich der Abwasserkanal der Wanne. Geradeaus ist das Präfurnium sichtbar, auf das bereits bei Standort 8 aufmerksam gemacht wurde. Zurück durch den Saal führt der Weg über eine Treppe zum

Standort 12

Von der Höhe der Treppe gewinnt man eine gute Übersicht über die Ruinen des nicht begehbaren Raumes B. Man schaut auf die tiefen Nischen in den Außenwänden, deren Funktion noch nicht geklärt ist, und auf die zum größten Teil restaurierten Heizungseinrichtungen der letzten Bauphase. Ebenfalls fällt der Blick auf die Reste der Kellermauern des Kapuzinerklosters.

Standort 13

Im Raum A steht man wiederum tief zwischen den Fundamenten des römischen Großbaues. Weder die beiden Bogenkonstruktionen in den Schalseiten, noch das im Bodenbelag angedeutete Fundament (a) können bis jetzt gedeutet werden. Beim modernen Durchgang in Raum E wird die Struktur des römischen Fundamentmauerwerks deutlich: Die inneren Schichten folgen den Schichten des Blendmauerwerkes; die kleinen mit viel Mörtel verbundenen Quadern sind jedoch nicht sorgfältig hergerichtet.

Der Raum C von Standort 12 aus. Vorne die nachträglich eingebaute Hypokaustenheizung. Im Hintergrund die Reste des Kapuzinerklosters.

Standort 14

In Raum E erkennt man an der Schmalseite wieder einen undeutbaren Steinbogen. Dreht man sich nach links, so schaut

man auf den modern unterfangenen Beckenboden des Bade-
beckens in Raum E. Das Becken wurde merkwürdigerweise
mit quadratischen Hypokaustenziegeln aufgemauert.

Standort 15
Von der Höhe der Treppe, die zum Ausgang führt, hat man
nochmals einen guten Blick auf Raum B, besonders auf die
Klosterkeller. Man beachte den Brunnen ganz links.

Standort 16
Beim Verlassen der Anlage erfaßte das Auge nochmals die
Weiträumigkeit des antiken Großbaus.

Reste der Kloster-
mauern des 18. Jahr-
hunderts während der
Ausgrabung

Der ungedeutete
Mauerbogen in der
Nordwand des Raumes
A bei Standort 13.
Davor, im Bodenbelag
dargestellt, das
halbkreisförmige
Fundament.

Die Kaiserthermen

Die erste Bauphase – der Grundstein einer neuen Thermen-anlage wird gelegt

Der Großbau wurde (siehe Seite 17–18) im Rahmen des Bau-programms, das mit der Erhebung Triers zur Residenzstadt aufgelegt wurde, als Thermenanlage geplant. Die Lage war hervorragend gewählt: Der Bau wurde axial auf den Decuma-nus Maximus, die wichtigste Ost-West-Achse der Stadt ausge-richtet. Wie die älteren Barbarathermen bedeckt er vier Insu-len (250 x 145 m). Spätestens Ende des 3. Jahrhunderts begann die Ausführung des Planes. Zwei große Wohnblöcke am Rande der Stadt wurden niedergelegt. Diese Häuser konnten zum Teil auf eine lange Geschichte zurückblicken. In augusteischer Zeit zählten sie zur Randbesiedlung. Ihre Grundrisse waren nicht wirklich mit dem Gründungsraster abgestimmt. Mit dem

© H&S Virtuelle Welten GmbH, Trier 2003

Kaiserthermen. Die „Alderburg" von Südosten. Ein Fenster südlichen Caldariumsapsis diente im Mittelalter als Stadttor. Anonyme Zeichnung (1795 – 1820). Stadtbiblithek Trier.

links oben:
Kaiserthermen. Ansicht der teilrekonstruierten Ruine des Caldariums von Südosten.

links unten:
Kaiserthermen. Das rekonstruierte Caldarium von Südosten.

Wachstum des Ortes, seiner Erweiterung nach Osten, veränderte sich die Lage ein wenig, doch zählte dieses Wohngebiet nie zum Stadtkern. Die Häuser waren großzügig ausgestattet, verfügten über Säulenhöfe und Empfangssäle, die Böden waren reich mit Mosaiken belegt, die Wände mit geschmackvollen Malereien versehen. Ausgedehnte private Badeanlagen sorgten für das Wohlbefinden der Bewohner. Ob diese Häuser aufgekauft oder die Besitzer enteignet wurden, entzieht sich unserer Kenntnis.

Mit Schwung wurde begonnen, doch wirkten sich bald die politischen Veränderungen auf den Fortgang der Arbeiten aus. Die Bautätigkeit geriet ins Stocken und ruhte, wie Conradin Sturm feststellte, wahrscheinlich ab 316. Wie weit der Bau damals gediehen war, ist nicht mehr festzustellen. Die heute noch erhaltene Baumasse macht einen einheitlichen Eindruck, so dass man wahrscheinlich davon ausgehen kann, dass die Räume C (= Caldarium), K (= Kesselhaus), T (= Tepidarium) und III die geplanten Ausmaße erreicht hatten. Der Raum F (= Frigidarium) war anscheinend nicht wesentlich über das Fundament hinaus gediehen. Man hat also offensichtlich von Ost nach West gebaut. II dürfte daher eine Zwischenstellung eingenommen haben. Unfertig blieb auch die Hofbebauung, obwohl bereits für die Säulenhallen passende Säulenschäfte geliefert worden waren. Anders kann man sich den Fund einer Granitsäule im Fundhorizont der Thermenphase nicht erklären. Ob die Einwölbungen der Räume schon vollendet waren oder erst bei der Fertigstellung eingezogen wurden, ob sie überhaupt jemals ausgeführt wurden, wie in der Rekonstruktion angenommen, ist unbekannt.

Es ist interessant festzuhalten, dass sich der Grundriss des Badegebäudes wie jener der Barbarathermen an nordafrikanischen Vorbildern, z. B. den Thermen von Djemila in Algerien, orientiert. Freilich in der damals moderneren Form: Die Eckräume sind nicht mehr vorgezogen. Vielmehr sind die Räume der gesamten Anlage einer dreieckigen Umrissgestaltung unterworfen. Diese Raumgruppierung ist bereits in den 150 Jahre älteren Barbarathermen vorgegeben; nimmt man ihnen die vorspringenden Eckräume, so entsteht ebenfalls eine dreieckige Grundform. Von Westen her (Weberbachstraße) sollte ein großer Torbau in den Baukomplex führen. Zwischen diesem und dem Hof (Palästra) waren einige repräsentative Räume geplant, deren Errichtung wahrscheinlich nicht über die unteren Mauerschichten hinaus kam. Der Hof wurde niemals ausplaniert, so dass seine geplante Höhe nicht wirklich festgestellt werden konnte.

DIE ZWEITE BAUPHASE

Zu einem unbekannten Zeitpunkt, jedoch spätestens um die Mitte des 4. Jahrhunderts oder bald danach wurde die Bautätigkeit wieder aufgenommen, allerdings mit geänderten Plänen. Eine Thermenanlage wurde anscheinend nicht mehr benötigt. Man vergrößerte den Hof durch Aufgabe einiger Nebenräume im Westen sowie durch den Verzicht auf das Frigidarium und die Räume II – bereits hochgezogenes Mauerwerk wurde abgetragen. Die Fußbodenhöhe aller Räume wurde um 0,45–0,55 m abgesenkt, der westliche Eingangsbau beibehalten, die repräsentative Raumgruppe östlich des Eingangs allerdings eingespart. Wahrscheinlich öffnete man etwa in der Mitte des Hofes zwei weitere Zugänge von Norden und Süden. Dieser wurde zumindest teilweise, wenn nicht gänzlich geplastert. Alle Vorbereitungen für die Einrichtung der Heiz- und Wassertechnik wurden rückgängig gemacht. Statt dessen wurden wahrscheinlich die langen flurähnlichen Räume nördlich und südlich des Hofes in Kammerfluchten zerlegt und eine

Plan des Kaiserthermenareals mit Eintragung der Bebauungsphasen. Blau: Ältere Wohnhäuser. Rot: Die geplante Thermenanlage. Grün: Der Kasernenumbau. Gelb: St. Gervasius und St. Agneten.

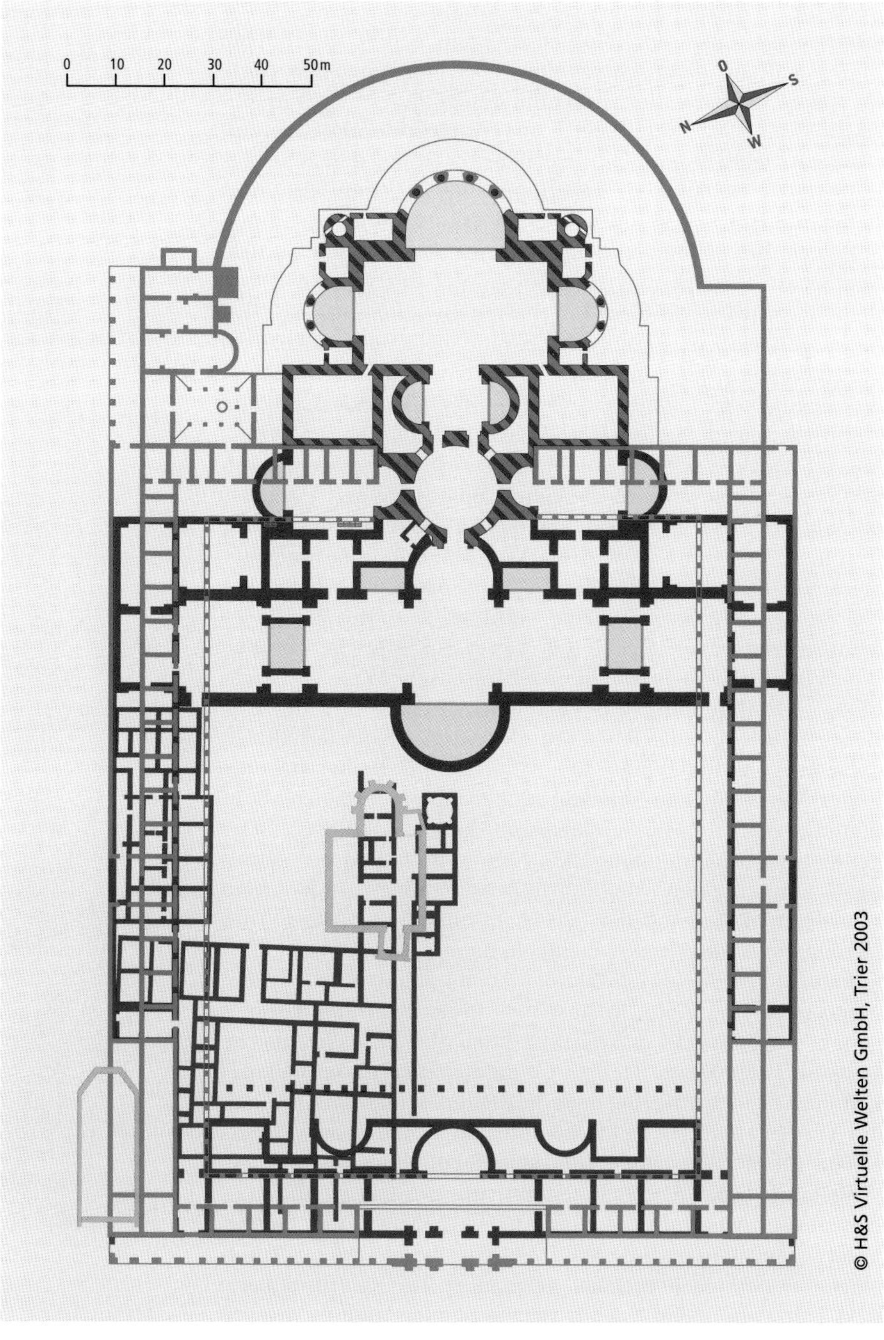
0 10 20 30 40 50 m
O
S
N
W
© H&S Virtuelle Welten GmbH, Trier 2003

neue Flucht kleiner Räume rechts und links des Tepidariums eingerichtet. Links des Raumes III erbaute man eine kleine Badeanstalt mit allem, was zu einer Thermenanlage gehört. Da die neuen Räume in der Größe mit denen der üblichen Mannschaftsräume in Militärlagern und Polizeikasernen übereinstimmen, wurde der überzeugende Vorschlag gemacht, das umgenutzte Gebäude als Kaserne der kaiserlichen berittenen Leibgarde (scholares) anzusprechen. Die Räumlichkeiten und der große Hof bieten genügend Platz für die etwa 800 bis 1000 Mann starke Truppe und ihre Pferde. Auch der Typus des kleinen Bades spricht für diese Interpretation: man findet ihn häufig in Militärlagern. Ferner ist die Nähe des Palastes (Basilika) zu bedenken. Das ehemalige Tepidarium diente wohl als repräsentativer Eingang, das Caldarium als Exerzierhalle und Fahnenheiligtum, natürlich jetzt christlich geprägt.

Mit der Aufgabe der Stadt als Residenzort erübrigte sich auch die Anwesenheit einer Gardeeinheit. Spätestens seit 436 muss die Kaserne leer gestanden haben. Bald suchte die Trierer Bevölkerung Schutz in den starken Mauern. Innerhalb der Stadt entstand eine kleine Siedlung, die wohl auch bald über ein eigenes religiöses Zentrum verfügte, denn der Name des Schutzpatrones der Kirche „St. Gervasius" spricht für eine Weihe in noch frühchristlicher oder fränkischer Zeit. Die wichtigste Familie dieser Bevölkerungsgruppe, ein Trierer Geschlecht, baute die Reste der ehemaligen Exerzierhalle zu einer Burg um und nannte sich danach ‚De Castello'. Auch die in der Nähe gelegene Nebenpforte der mittelalterlichen Stadtmauer verdankt dieser Familie ihren Namen ‚Kastilport'. Gelegentlich dachte man daran, den Namen nicht von der gewaltigen, zur Burg gewordenen römischen Ruine, sondern vom römischen Wasserverteiler (*castellum aquae*) abzuleiten. Dies ist möglich, aber unwahrscheinlich, da ein solcher Wasserverteiler kaum größer als ein Zimmer ist und sich daher nicht zum namengebenden Wohnsitz ausbauen lässt. Beim Bau des südlichen Abschnitts der Stadtmauer 1102–24 wird das römische Gemäuer einbezogen. Thomas Fontaine datiert diese Bautätigkeit in die Jahre 1242–59, doch bezieht sich dieses Datum auf die Fertigstellung jener Abschnitte der Stadtmauer, die als Ersatz für die zerfallene römische Stadtmauer im Norden, Westen und Osten der Stadt erstellt wurden, nicht auf die Neubaustrecke zwischen Kastilport, Kaiserthermen und Römerbrücke. Vielleicht erst in dieser Zeit werden die großen Rundfenster des römischen Baues vermauert. Die so entstandene Eckbastion erhält den Namen Alderburg oder Alteburg. Die De

Castello übernehmen die Aufgaben der Trierer Burggrafen. Nur ein Rundfenster in der südlichen Apsis bleibt offen und wird als Stadttor genutzt. Später prangte außen über dem Tor bis 1798 das Wappen des Kurfürsten Jacob von Eltz (1567–1581), der das Tor instandsetzen ließ. In der südöstlichen Ecke des Rechteckraumes der Exerzierhalle stand ein Wohnturm, dessen Anfänge mindestens in die Zeit des Stadtmauerbaues zurückreichen. Er bildete später den Kern der Burg, diente dann als Zollstation und als Gefängnis.

Im Jahre 1295 erhielt die Schwesterngemeinschaft, die die Pfarrkirche St. Gervasius betreute, ein eigenes Domizil, das Kloster St. Agneten. Die Klosterkirche wurde von Erzbischof Boemund am 25. Februar eingeweiht. Kloster und Kirche bestanden im nordwestlichen Bereich der Kasernengebäude, an der Weberbach, bis zur Säkularisation. 1802 erfolgte die Auflösung des Klosters. Handwerksbetriebe siedelten sich in den Klostergebäuden an. Die Zerstörungen des Zweiten Weltkriegs gaben Anlass, auch die letzten Reste des Klosters und der Kirche abzutragen. Das Portal des Klosters befindet sich heute in der Liebfrauenstraße gegenüber dem Eingang der Liebfrauenkirche. Ein ähnliches Schicksal erlitt die uralte

Rekonstruktion der als Thermen geplanten und als Kaserne vollendeten Anlage.

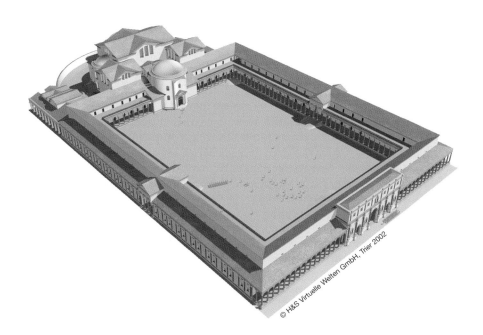

© H&S Virtuelle Welten GmbH, Trier 2002

131

Pfarrkirche St. Gervasius. Nach der Neuorganisation der Trierer Pfarreien durch die französische Verwaltung verschwand sie 1803 spurlos, bis ihre Fundamente 1963 freigelegt wurden.

Vor dem Abbruch der Stadtmauer entfernte man Mitte des 18 Jahrhunderts wegen Einsturzgefahr die letzten drei noch erhaltenen Fenster der oberen Reihe der großen Ostapsis. Die untere Reihe stand noch bis ins frühe 19. Jahrhundert. Spätestens 1816/17 wurden mit den mittelalterlichern Torbauten auch der Wohnturm abgetragen. Damals erwachte auch das historische Interesse am römischen Bauwerk. Eine erste wissenschaftliche Arbeit deutete das Mauerwerk als Rest eines Pantomimentheaters. Später setzte sich die Interpretation als Thermenanlage durch; diese wurde wiederum abgelöst durch eine Erklärung als Kaiserpalast.

Ansicht der Ostapsis des Caldariums und der anstoßenden mittelalterlichen Stadtmauer von Westen. Zeichnung Alexander Wiltheims. Um 1670, Manuskript de Baslieux.

Es ist das Verdienst Daniel Krenckers, die Probleme, die die Ruine aufwirft, im wesentlichen gelöst zu haben. Er hat nachweisen können, dass das Gebäude als Thermen geplant und in geänderter Form vollendet wurde. Er hat die ersten Vorschläge für die Deutung der Kasernenphase unterbreitet. Um die Klärung der Hofarchitektur und der älteren Wohnhausbebauung hat sich Wilhelm Reusch verdient gemacht, der 1960 bis 66 das weite Areal zwischen der Ruine und der Weberbach erforschte.

Ansicht des Geländes im 17. Jahrhundert mit Gervasiuskirche und Agnetenkloster. Modell im Städtischen Museum Simeonstift.

Standort 1

Der Besucher betritt das Gelände in dem Bereich, wo die Kasernenstuben an das kleine Bad stoßen. Auf Grund der mittelalterlichen Zerstörung ist von diesen Stuben oberirdisch bis auf wenige stark ergänzte Mauerzüge nichts mehr zu sehen. Gut erkennbar sind jedoch die Basen für die Säulen des Hofes im Bad und – vor der mittelalterlichen Stadtmauer – einige Mauern des Frigidariums, dessen Apsis und ein Mauerrest

Plan des Kaiserthermenbereiches mit Gervasiuskirche und Agnetenkloster. Ausschnitt eines Projekt-Planes des kurfürstlichen Palastes und seiner Gärten von J. Puscher aus dem Jahr 1762. Der Kurfürst

des Tepidariums. Das Caldarium liegt im Wesentlichen außerhalb der mittelalterlichen Mauer. Das Bad war Anfang des 19. Jahrhunderts noch recht gut erhalten, hat dann aber aus ungeklärten Gründen zunehmend an Substanz verloren.

Standort 2

An der Apsis des kleinen Bades vorbeigehend, trifft man zunächst auf die Überreste eines Kellergangs, der – ursprünglich für das Heizpersonal entworfen – das ganze ehemalige Caldarium (Exerzierhalle/Fahnenheiligtum) umrundet.

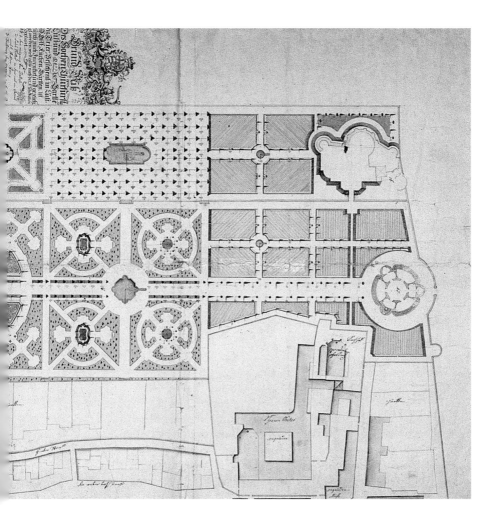

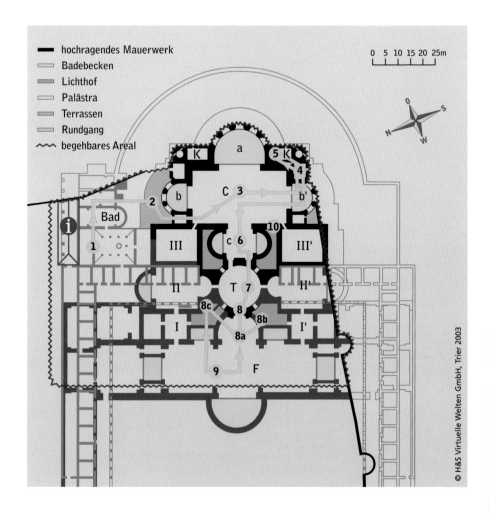

Legende:

- ▬ hochragendes Mauerwerk
- ▭ Badebecken
- ▬ Lichthof
- ▭ Palästra
- ▭ Terrassen
- ▭ Rundgang
- ∿∿ begehbares Areal

0 5 10 15 20 25m

Mauerwerk

An diesem Standort und dem folgendem kann man sich einen guten Eindruck vom Mauerwerk des Baus machen. Es ruht auf bis zu 4 m breiten und 3 m tiefen Gusswerkfundamenten; beim unvollendeten Frigidarium erreicht das Fundament eine Stärke von 7 m. Es besteht aus Kalksteinhandquadern von 14 cm Höhe, die in der Länge von 11–33 cm variieren, und weist reichlich Ziegeldurchschuss auf. Besonders alle Bogenkonstruktionen sind mit diesem Material erstellt. Die Gewölbe sind auf Schalung gegossen.

Begehungsplan des Erdgeschosses.

© H&S Virtuelle Welten GmbH, Trier 2003

136

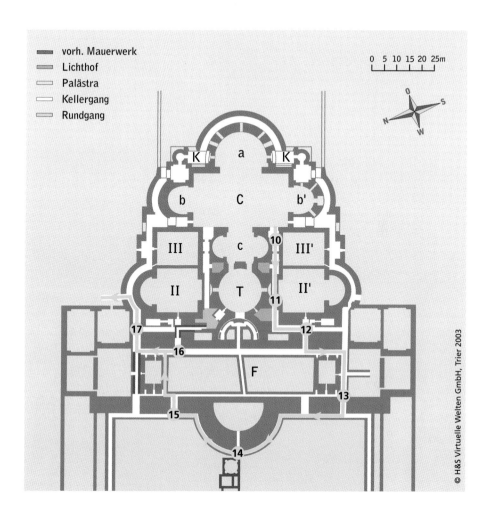

vorh. Mauerwerk
Lichthof
Palästra
Kellergang
Rundgang

0 5 10 15 20 25m

© H&S Virtuelle Welten GmbH, Trier 2003

Begehungsplan des Kellergeschosses

Standort 3

Hier im Fahnenheiligtum (37 x 20 m) muss sich der Besucher vor Augen führen, dass er auf einem Platz steht, der weder in der ersten noch in der zweiten Phase betretbar war. Man steht dort, wo nach der ersten Planung der untere Boden der Hypokaustenanlage gelegt werden sollte. Der Blick fällt geradeaus auf die Präfurnien in der Großen Apsis, die in der zweiten Phase natürlich verschlossen waren. Oberhalb der zahlreichen so genannten Entlastungsbögen, in der Mitte der Fenster, sind noch die Mauerdurchlässe erkennbar, durch die nach der

137

Innenansicht des Caldariums nach Südosten um 1805 mit Blick auf den Geschlechterturm und das bereits ruinöse Torhaus.

links oben:
Das teilrekonstruierte Caldarium nach Südosten

links unten:
Innenansicht des Caldariums nach Südosten in der zweiten Bauphase als Exerzierhalle/ Fahnenheiligtum. Wandmalerei initiert Marmorinkrustation.

ersten Planung Wasserzuleitungen gelegt werden sollten; das gesamte Apsisrund war nämlich ebenso wie die beiden anderen Apsiden für die Aufnahme großer beheizter Wannen vorgesehen. Auch für das ungeübte Auge sind bei eingehender Betrachtung der beiden Fensterreihen deutliche Unterschiede in der Oberflächenerhaltung der Kalksteine und Ziegel wahrnehmbar: in der unteren Reihe sind drei Fenster, in der oberen fünf Fenster 1984 ergänzt worden. Der römische Architekt hat den Bau nach den Gepflogenheiten der damaligen Zeit mit Hilfe eines ausgefeilten Proportionssystems gestaltet. Seine Erläuterung würde den Rahmen eines Führers sprengen. Deshalb sei beispielhaft, nur an diesem Standort, auf ein angewendetes Proportionsgesetz hingewiesen: Die Fenster der unteren Reihe der großen Apsis sind nach dem Goldenen Schnitt gestaltet.
Der ursprüngliche Boden des Raumes lag in der ersten Bauphase mindestens 2,10 m höher als heute, in der zweiten etwa 1,50 m; jetzt ist er fast auf das Niveau des außen umlaufenden Kellers abgesenkt. Zur Höhenorientierung wende man sich um und beachte die Höhe der rechten Eingangsschwelle zu Raum T. Mit diesem Wissen ist es auch keine Schwierigkeit sich klar zumachen, dass die Architekturteile, die im Bereich des Raumes verstreut liegen, dort modern abgelegt sind. Es besteht kein Bezug zum Bau, weder der ersten, noch der zweiten

139

Phase. Im Winkel vor den mächtigen Wänden – 19 m hoch ist hier das antike Mauerwerk erhalten – stand der oben erwähnte Geschlechterturm. Im Mittelalter waren heute vermauerte Durchgänge zu den dahinter liegenden antiken Räumen gebrochen worden, deren Spuren noch leicht erkennbar sind. Beim Durchqueren der südlichen Nebenapsis werfe man einen Blick zum unteren ersten Fenster von links. Dieses Fenster bildete seit dem Mittelalter bis in die Neuzeit, wie erwähnt, ein Stadttor. Der Niveauunterschied, fast 5 m, ist beachtlich.

Blick auf das Caldarium von Westen.

Standort 4

Durch eine neuzeitliche Öffnung in einem Präfurnium betritt man einen Raum, der in der ersten Phase einerseits einen Teil des Heizganges bildete, andererseits aber, von diesem abgetrennt, als Kesselhaus für das Becken b´ entworfen war. Darauf weisen verschiedene Wandöffnungen hin, die für die Verlegung von Wasserleitungen vorgesehen waren. Fenster und Gewölbe sind original. Vorbei an der Tür zu einer römischen Wendeltreppe, die einst in das Obergeschoss der Kesselräume – seine Funktion ist unbekannt – und auf das Dach führte, gelangt man in ein zweites Kesselhaus.

Standort 5

Es wurde für die Warmwasserversorgung des Beckens a geplant. Man schaut durch das heute offene Präfurnium in die Apsis. Vom selben Standort aus erkennt man oben rechts die Maueröffnung für die Wasserleitungen. Wie diese Räume zur

© H&S Virtuelle Welten GmbH, Trier 2002

Rekonstruierte Ansicht des Gebäudes von Westen. Vorne das zur Eingangshalle umgestaltete Tepidarium und die seitlich anschließenden Portiken mit den dahinter liegenden Kasernenstuben.

Kasernenzeit genutzt wurden, ist unbekannt. Beide zeigen in etwa 13 m Höhe noch die originalen Gewölbe. Im Mittelalter waren sie mehrgeschossig unterteilt, wie zahlreiche Löcher, die für die Aufnahme von Deckenbalken in die Wände geschlagen wurden, beweisen.

Standort 6

Der quadratische Raum c, dem nach der ursprünglichen Planung rechts und links beheizte Becken in halbrunden Nischen angegliedert werden sollten, leitet mit zwei Türen zum Eingangsraum des Kasernengebäudes über, der ursprünglich als Tepidarium gedacht war.

Standort 7

Man betritt diesen Saal von 16,5 m Durchmesser jetzt durch die linke Tür, man beachte jedoch die rechte, denn hier liegt noch die originale Türschwelle der Kasernenzeit: Deutlich erkennbar sind die Pfannen und der Anschlag der Türflügel. Diese Schwelle liegt etwa 0,55 m tiefer als die Durchschnittshöhe des geplanten Thermenbodens. Sie zeigt dem Besucher, wie bereits gesagt, eindeutig das Niveau der 2. Bauphase.

Der Raum muss mit einer Kuppel überwölbt gewesen sein. Sein Licht empfing er sicherlich durch Fenster, die sich zu den Lichthöfen bei Raum c beziehungsweise nach Westen öffneten. Auch dieser Raum sollte in der Thermenphase beheizt werden. Man erkennt an den Wänden im Klebemörtel Abdrücke der Ziegelplattenverkleidung, mit der die Wände des Hypokaustenraumes bedeckt waren. Die Löcher in den Wänden stammen von Eisenkrampen, mit denen die Ziegel zusätzlich befestigt waren. Sie gaben ihnen Halt, solange der Mörtel trocknete. Man verlässt den Raum durch eine 4,30 m breite Tür, deren Schwelle bei der Grabung noch an Ort und Stelle lag. Sie wurde erst bei der Nutzung als Kaserneneingang verlegt. Man findet sie heute zerschlagen in Raum I wieder.

Standort 8

Unmittelbar vor der modernen Schwelle steht man fast auf dem ursprünglichen Niveau der Kasernenzeit. Zu dieser Zeit war der Zugang wahrscheinlich durch einen Säulenbaldachin betont. Das Fundament einer solchen Säule blieb links von der Türöffnung erhalten. Einige Stufen führten in den Hof hinab, dessen Weite der letzten Nutzungszeit hier gut erlebbar ist.

Standort 8a

Man befindet sich in der mittleren östlichen Nische des geplanten Frigidariums (57 x 22 m), dessen hofseitige Mauern zur besseren Übersicht für den Besucher in jüngerer zeit um etwa

Wasserrinne vor der Hofportikus der zweiten Bauphase im Niedergelegten Raum II.
Im Hintergrund einige Kasernenstuben.

1,20 m erhöht wurden. Dies beeinträchtigt leider den Eindruck der zweiten Bauphase, die bekanntlich die eigentliche Nutzungsphase des Gebäudes bildete. Daniel Krencker nahm aufgrund der unter dem Boden des Raumes verlaufenden Kanäle an, dass diese Nische beheizt war. Er hielt die Kanäle für die Reste einer so genannten Kanalheizung. Diese Interpretation kann heute nicht mehr aufrechterhalten werden: Auch Teile von Frigidarien werden in römischer Zeit nicht beheizt, allenfalls Wasserwannen. Außerdem sind die Kanäle mit einer ursprünglichen Höhe von etwa 1,90 m zu hoch für solche Anlagen. Es muss sich vielmehr um Entwässerungskanäle handeln, was bedeutet, dass diese Nische in der Thermenphase als Springbrunnennische gestaltet werden sollte.

Standort 8b
Im Gewirr der Grabungslöcher erkennt man hinter der fast 2 m starken, beim Umbau niedergelegten Außenmauer des Raumes II´ die neue Frontmauer des Hofes, auf der sich einst die Säulen der über 7 m breiten umgebenden Halle erhoben, und die Mauern von drei Räumen der Kasernenzeit.

Das kleine Bad neben dem Caldarium. im Vordergrund die Eingangsportikus.

Standort 8c

Von hier aus kann man einen Blick auf die Wasserrinne aus Sandstein, die vor der Fundamentmauer der Säulenstellung das Regenwasser der Umgangsdächer aufnahm, werfen. Sie gibt einen Hinweis auf das ursprüngliche Hofniveau. Hinter der Säulenhalle sind auch an dieser Stelle einige Räume der Kasernenzeit bewahrt.

Standort 9

Das Frigidarium, das im Jahr 316 wahrscheinlich nicht über die untersten Mauerschichten hinaus gediehen war, folgt selbstverständlich wie der ganze Thermenentwurf nordafrikanischen Vorbildern, das heißt, die Planung sah Tauchbecken an den Schmalseiten – in diesem Fall sogar beheizt – vor. Wie in Djemila wurde auf eine ungedeckte Natatio verzichtet. Ein großes Schwimmbecken in der Westnische sollte einen Teil des Frigidariums bilden.

Von dieser Beckenapsis aus blickt man seit den Restaurierungsmaßnahmen der späten 60er Jahre auf einen Hof, der in dieser Form im Altertum nicht existiert hat, denn andeutungsweise wieder hergestellt wurde der Hof der Thermenanlage, nicht der Kasernenhof. Dieser Hof war im Osten, Norden und Süden von unterirdischen Gängen umgeben. Lediglich im Westen, bei der heutigen Weberbachstraße, war ein solcher Gang nicht geplant. Wie in den Barbarathermen diente der Gang zur Kontrolle der Wasserentsorgung und als Zugang zu den Heizstellen. Der Verlauf der Gänge beweist, dass die Eingänge in dieselben einst im Westen gelegen haben.

Wie bei den Barbarathermen waren die Bedienungsebene und die Benutzerebene streng getrennt. Die Kellergänge bildeten folglich ein in sich geschlossenes System, das nur von außen zugänglich war. Verbindungstreppen zwischen den beiden Ebenen muss es auch gegeben haben, sie sind jedoch nicht nachweisbar. Heute betritt man diese Kellergänge nicht durch ursprüngliche Zugänge. Einer dieser modernen Eingänge, der durch ein Präfurnium im Caldarium/Exerzierhalle geführt ist, liegt vor Standort 10.

Standort 10

Der Ausbau der Gänge blieb unvollendet; dennoch kann man bereits hier die vorgesehenen Einrichtungen beobachten. Anders als in den Barbarathermen hat man in diesem Bau die hohen Gänge überall dort, wo sie auch der Ableitung des Brauchwassers oder der Aufnahme von Regenwasser dienten,

Der Kellergang bei Standort 10. Oben eine Türöffnung, unten ein Kanaldurchlass.

horizontal geteilt: oben befanden sich die eigentlichen Gänge für das Personal, unten die Abwasserkanäle. Das ist an diesem Platz gut zu erkennen: Etwa 2 m über der Gangsohle befindet sich eine Tür, die vom eigentlichen Gang in den angrenzenden Lichthof führte. Die Türschwelle liegt noch am Platz, so dass die geplante Höhe gut erkennbar ist. Links unterhalb der Tür liegt ein Kanaldurchlass.

Standort 11
Der Gang wird hier niedriger, weil er unter dem Boden eines hypokaustierten Raumes durchläuft. Die tiefe Lage des Gewölbes hat es geschützt und es blieb erhalten, während die übrigen Ganggewölbe überwiegend bei der Restaurierung des Baues nach den Ausgrabungen erneuert wurden. Ein Blick zur Decke zeigt, dass man sich bei der Herstellung von Betondecken im Altertum bereits derselben Technik bediente wie heute. Sie wurden auf eine hölzerne Verschalung gegossen. Die Abdrücke der Bretter sind deutlich erkennbar. Am Ende des Ganges zeichnet sich rechts im Gusswerk des Gewölbes der Negativabdruck eines Zimmermannszirkels ab. Der Handwerker hatte ihn auf der Verschalung liegen gelassen, er wurde mit eingegossen und tauchte erst bei der Abnahme der Bretter wieder auf.

Standort 12
Ein hochliegendes, weitgehend modernes Präfurnium links beweist wiederum die ursprüngliche Laufhöhe des Ganges. Verfolgt man den Gang weiter, so durchschreitet man zweimal die fast 7 m starken Fundamente des Kaltbades. Zweimal kann

Der Abdruck des Zirkels im Ganggewölbe bei Standort 11.

man auf diesem Weg auch in die 78 m langen Gänge schauen, die den Kaltbadesaal begleiten. Die Dimensionen des Raumes einschließlich seiner Flügelpiscinen können so eindrucksvoll erfahren werden.

Der Gang entlang des inneren westlichen Fundamentes des Frigidariums bei Standort 13.

Standort 13

Hier verlässt man unterirdisch das Gebäudeinnere, wendet sich nach rechts und umrundet schließlich auf diesem Weg das Schwimmbecken des Kaltbaderaumes.

Standort 14

Beim Scheitel des Rundweges kann man durch eine vergitterte Tür einen Blick in einen mit Nischen versehenen runden Raum werfen. Er gehört zum Badetrakt eines Hauses der Vorgängerbebauung.

Standort 15

Die großen Kalksteinblöcke bilden die Leibungen einer 2,40 m breiten Tür. Diese und drei andere im selben Gang wurden von Daniel Krencker als Bauöffnungen interpretiert, als Türen, durch die Baumaterialien ins Innere der Baustelle gefahren werden sollten. Sie wurden vor dem Umbau in die Kaserne vermauert. Die aufwendige Rahmung aus freilich wiederverwendeten Kalksteinen und gerade die frühe Vermauerung sprechen gegen die vorgeschlagene Deutung. Warum sollte man Bauöffnungen vor der Fertigstellung eines Baues verschließen? Wahrscheinlicher ist eine Planänderung, wie man sie vielfältig in dem offensichtlich überhastet geplanten Bau feststellen kann: Man verlegte die Eingänge in das Kellersystem vom

Gang und Kanaleinbau bei Standort 16.

148

Westhof in den Osthof. Für den weiteren Weg zum nächsten Standort wählt man am besten den naheliegenden schmalen Gang.

Standort 16
Von hier aus kann man einen Blick in einen fertiggestellten Abschnitt des Gangsystems werfen, dessen Einrichtung nicht wieder ausgebrochen wurde. Oben befindet sich der Gang, unten der Kanal. Vielleicht hat der Kanal „überlebt", weil er in der Kasernenzeit Verwendung fand. Denn das Regenwasser musste auch zu dieser Zeit in die Kanalisation geleitet werden.

Standort 17
Ein Blick nach links lohnt sich: Es wurden dort ebenfalls ein Kanal und ein Gang fertiggestellt, wahrscheinlich in Fortsetzung des bei Standort 16 gesehenen. Der Kanal ist auffallend hoch – ein Grund ist nicht erkennbar – und der Gang dementsprechend niedrig. Die moderne Treppe führt zurück auf die Kasernenebene.

Gang und Kanaleinbau bei Standort 17.

Schnitt durch einen Gang mit eingebautem Kanal.

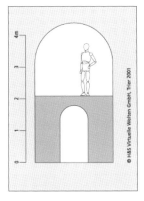

© H&S Virtuelle Welten GmbH, Trier 2001

149

58 v. Chr.
Caesar unterstützt die Häduer im Kampf gegen die Helvetier. Der gallische Krieg beginnt. Die Treverer treten durch Caesars Berichte ins Licht der Geschichte.

30–29 v. Chr.
Letzte Widerstände im Treverer-Gebiet werden unterdrückt.

18–17 v. Chr.
Die erste römische Brücke entsteht in der Trierer Talweite.

17 v. Chr. Wahrscheinlich am 23. September, am Geburtstag des Kaisers und Namengebers wurde Augusta Treverorum – Trier – als Kolonie für Treverer gegründet.

16–13 v. Chr.
Kaiser Augustus bereist zusammen mit Agrippa die gallischen Provinzen, um die ersten Ergebnisse des Fernstraßenbaues persönlich zu inspizieren.

4 n. Chr. Die früh verstorbenen Enkel des Kaisers erhalten in Trier eine monumentale Gedenkstätte.

10–20 Trier wächst im Gebiet der späteren Kaiserthermen über den Gründungsplan hinaus.

21 Die Treverer beteiligen sich an einem Aufstand der Häduer.

40–70 Die ersten festen Steinbauten entstehen auf dem westlichen Gelände der späteren Kaiserthermen. Sie werden mehrfach umgebaut, mit Mosaiken ausgestattet und nach 293 n. Chr. für den Bau der Thermen abgerissen.

44 Der Geograph Pomponius Mela bezeichnet Trier als sehr wohlhabende Stadt. Steinerne Häuser bestehen auf dem Gebiet der späteren Barbarathermen.

69 Die Treverer schließen sich dem Aufstand der Bataver an.

71 Der Aufstand wird auf dem westlichen Moselufer bei Trier in einem heftigen Gefecht niedergeschlagen. Der Kampf findet auch auf der Moselbrücke statt.

71 Kaiser Vespasian fördert ein Aufbauprogramm: Eine neue Brücke wird errichtet und das Forum ausgebaut. Die letzten Fachwerkbauten der Gründungsphase weichen Wohnbauten aus Stein.

100	Am Ende des ersten nachchristlichen Jahrhunderts wird im Gebiet der späteren Porta Nigra ein Friedhof angelegt.
um 120	Zur Zeit des Kaisers Hadrian (117 – 138) werden vier Wohnquartiere im Norden der Stadt, im Bereich der heutigen Basilika zusammengefasst zu einer großen Bauanlage mit einer repräsentativen Empfangshalle. Wahrscheinlich ist dies der Sitz des Vertreters des Kaisers in den gallischen Provinzen, des legatus Augusti pro praetore.
144	Unter dem Nachfolger Hadrians, Antoninus Pius (138 – 161), wird eine neue breitere Brücke errichtet. Dies ist der greifbare Beginn eines großen Bauprogramms.
150–75 (?)	Im Rahmen dieses Bauprogramms entstehen ferner die Stadtmauer mit allen Toren, auch die **Porta Nigra**, die **Barbarathermen**, das Amphitheater und das Gebäude am Viehmarkt, das später in ein Bad (**Thermen am Viehmarkt**) umgewandelt wird. Das Forum erfährt wahrscheinlich eine Erweiterung. Der offensichtliche Wohlstand der Stadt zeigt sich auch am Ausbau zahlreicher Wohngebäude.
175–97	Wirren durch die Einfälle germanischer Stämme im Rhein- und Donaugebiet. Wirtschaftliche Probleme vor allem im Osten des römischen Reiches durch die aus Persien eingeschleppte Pest.
197–260	Erneute Blütezeit Triers.
seit 255	Einfälle der Franken, später,
272–74	der Alamannen auch in das Moselgebiet.
260–74	Gallisches Sonderreich.
284/85	Reform des Diokletian 284/85 – 305
285	Maximian zum Caesar (Unterkaiser) ernannt. Er erwählt Trier zu seiner Residenz und veranlasst wahrscheinlich eine – der Aufgabe der Stadt entsprechende – Ausbauplanung. Die Errichtung des Palatiums (Basilika) und der **Kaiserthermen** kann bereits unter seiner Regierung geplant worden sein.
286–310	Maximian ist Augustus (Mitkaiser).
293	Constantius Chlorus (293 – 306) wird zum Caesar des Westens ernannt. Mit seiner Ernennung und der des Galerius (293 – 311) zum Caesar im Osten wird aus dem Doppelkaisertum die Tetrarchie. Spätestens zur Regierungszeit des Constantius wird der Ausbau Triers zur Residenz ernsthaft in Angriff genommen.

	Die Wohnhäuser im Bereich des Palatiums und der **Kaiserthermen** weichen der Neubebauung. Nach Münzfunden ist die Basilika im Jahre 305 im Bau.
306/07	Konstantin wird Augustus. Nach 309 orientiert Konstantin seine Interessen zunehmend auf Italien und den Osten des Reiches. Der Ausbau der Residenz Trier wird vernachlässigt.
um 316	Die Arbeiten an den **Kaiserthermen** geraten ins Stocken. Der Bau bleibt eine Bauruine. Ähnliches gilt für die Basilika. Auch ihr Ausbau geht sehr langsam vorwärts; im Jahre 341 ist sie noch ein Rohbau.
367	Gratian wird Augustus des Westens. Er bleibt in Trier und vollendet den Ausbau der Residenz. Das Palatium wird prachtvoll ausgestattet. Die **Kaiserthermen** unterliegen einer Planänderung. Die Anlage wird nach ihrer unvollständigen Fertigstellung wahrscheinlich als Kaserne der berittenen Palastgarde (scholares) genutzt. Vielleicht als Ersatz für den verloren gegangenen Baderaum wird das Gebäude am Viehmarkt (**Thermen am Viehmarkt**) in eine Badeanlage umgewandelt.
436	Spätestens in diesem Jahr erfolgt der Auszug auch der letzten Reste der kaiserlichen Verwaltung aus Trier.
460–80	Die römische Herrschaft bricht endgültig zusammen. Trier verfällt. Die Stadt bleibt jedoch als Bischofssitz ein Zentrum. Die Pfarrkirche St. Gervasius wird noch zu frühchristlicher Zeit auf dem Gelände der **Kaiserthermen** erbaut.
1030	Die **Porta Nigra** wird zur Klause des Simeon.
1035	Simeon stirbt.
1042	Mit der Errichtung eines Altares im ehemaligen Stadttor beginnt dessen Lebensweg als Kirche.
1102–24	Errichtung der neuen Abschnitte der mittelalterlichen Stadtmauer im Osten und Süden der Stadt. Die **Kaiserthermen** werden als Eckbastion und Tor genutzt.
1131–52	Erzbischof Albero von Montreuil. Er lässt die romanische Apsis an die **Porta Nigra** anbauen.
1211	Die Mönche von Himmerod erhalten die Ruine des **Amphitheaters** auf Abbruch.
1295	Das Kloster St. Agneten wird auf dem Gelände der **Kaiserthermen** eingerichtet.
1611	Abbruch des Restes einer reich gegliederten Fassade der **Barbarathermen** durch die Jesuiten.

1616	Das Kapuzinerkloster wird am späteren Viehmarktplatz errichtet.
1673	Niederlegung des Richardsturmes auf dem Gelände der **Barbarathermen**.
1746–60	Letzte bedeutende Restaurierung der **Simeonskirche/Porta Nigra** unter Weihbischof Nikolaus von Hontheim.
1794	Einmarsch französischer Truppen in Trier.
1802	Auflösung des Simeonstiftes und des Agnetenklosters.
1805	Abbruch der Simeonskirche, Beginn der Freilegung des römischen Tores.
1812	Der Viehmarktplatz wird ausplaniert.
1816/17	Die Niederlegung der mittelalterlichen Stadtmauer im Bereich der **Kaiserthermen** ist abgeschlossen. Die ersten Freilegungsarbeiten beginnen. Grabungen finden auch im **Amphitheater** statt.
1819	Friedrich Quednow setzt sich erfolgreich für die Erhaltung der romanischen Apsis der Simeonskirche ein.
1822	In der **Porta Nigra** wird das Antikenkabinett der preußischen Regierung eingerichtet.
1845	Beginn der mehr oder weniger systematischen Grabungen in den **Barbarathermen**.
1854	Domkapitular Johann Nikolaus von Wilmowsky führt Grabungen und Forschungen am **Amphitheater** durch.
1891/92	Felix Hettner gräbt im **Amphitheater**.
1908	Emil Krüger legt den Arenakeller des **Amphitheaters** frei.
1912–14	In den **Kaiserthermen** findet eine erste große Ausgrabungskampagne statt.
1960–66	Der Westteil der **Kaiserthermen** wird erforscht.
1969–73	Umfangreiche Restaurierungs- und Sicherungsarbeiten werden an der **Porta Nigra** durchgeführt.
1977–79	Heinz Cüppers legt Sondagen in den Vomitorien 3 und 4 des **Amphitheaters**.
1987–94	Die **Thermen am Viehmarkt** werden freigelegt.
1996–99	Hans-Peter Kuhnen führt kleine Nachforschungen am **Amphitheater** hauptsächlich im Bereich des Petrisberghanges durch.

Vorbemerkungen zur Geschichte der Stadt Trier

Carl Friedrich Quednow, Beschreibung der Alterthümer in Trier und dessen Umgebung aus der gallisch-belgischen und römischen Periode. Trier 1820. – Edith Mary Wightman, Roman Trier and the Treveri, London 1970. – Führer zu vor- und frühgeschichtlichen Denkmälern 32. Trier. Mainz 1977. – Heinz Heinen, Trier und das Trevererland in römischer Zeit. 2000 Jahre Trier 1. 4. Aufl. Trier 1997. – Ders. Frühchristliches Trier. Trier 1996. – Hans Hubert Anton, Alfred Haverkamp und andere, Trier im Mittelalter. 2000 Jahre Trier 2. Trier 1996. – Hartwig Löhr, Drei Landschaftsbilder zur Natur- und Kulturgeschichte der Trierer Talweite, in: Funde und Ausgrabungen im Bezirk Trier 30, 1998, 7–27. – Lucas Clemens, Hartwig Löhr, Drei neue Landschaftsbilder zur Geschichte der Trierer Talweite in der Spätbronzezeit, der Spätantike und dem Hochmittelalter, in: Funde und Ausgrabungen im Bezirk Trier 33. 2001, 103–134. – Denkmaltopographie der Bundesrepublik Deutschland. Kulturdenkmäler in Rheinland-Pfalz 17,1. Trier, Altstadt. Worms 2001. – Karin Goethert, Kaiser, Prinzen, Prominente Bürger. Schriftenreihe des Rheinischen Landesmuseums 25. Trier 2002. – Heinz Cüppers und andere, Die Römer in Rheinland Pfalz, 2 Auflage Hamburg 2002, 577–647.

Zur römischen Stadtmauer:

Hans Lehner, Die römische Stadtbefestigung von Trier, in: Westdeutsche Zeitschrift 15, 1896, 211–266. – Heinz Cüppers, Die Stadtmauer des römischen Trier, in: Trierer Zeitschrift 36, 1973, 133–221.

Zu den im Text erwähnten Kirchen:

Die Kunstdenkmäler der Rheinprovinz. Die Kunstdenkmäler der Stadt Trier. Die kirchlichen Denkmäler der Stadt Trier. Düsseldorf 1938

Porta Nigra

H. von Behr, Die Porta Nigra in Trier, in: Zeitschrift für Bauwesen 58, 1908, 361–386 und 573–604. – Herrmann Bunjes, Ehemalige Stiftskirche St. Simeon, in: Die Kunstdenkmäler der Rheinprovinz. Die Kunstdenkmäler der Stadt Trier. Die kirchlichen Denkmäler der Stadt Trier. 463–497. – Erich Gose und andere, Die Porta Nigra in Trier. Trierer Grabungen und Forschungen IV. Berlin 1969. – Eberhard Zahn, Porta Nigra und Simeonstift, in: Trier. Führer zu vor- und frühgeschichtlichen Denkmälern 32. Mainz 1977, 61–74. – Lothar Schwinden, Die Porta Nigra, in: Das römische Trier. Führer zu den archäologischen Denkmälern in Deutschland 40, Stuttgart 2001 143–157. – Franz-Josef Heyen, Das Stift St. Simeon zu Trier. Das Bistum Trier 9. Germania Sacra Neue Folge 41. Berlin 2002. –

Das Amphitheater

Johann Nikolaus von Wilmowsky, Das römische Amphitheater zu Trier, in: Jahresbericht der Gesellschaft für nützliche Forschungen zu Trier vom Jahre 1855, 1856, 3–17. – Felix Hettner, Das Amphitheater, in: Westdeutsche Zeitschrift 10,1891, 209–222. – Emil Krüger, Trier. Der Arenakeller des Amphitheaters, in: Römisch-germanisches Korrespondenzblatt 2, 1909, 81–83. – Heinz Cüppers, Das Amphitheater, in: Führer zu vor- und frühgeschichtlichen Denkmälern 32, Mainz 1977, 165–178. – Hans-Peter Kuhnen, Das Amphitheater, in: Das römische Trier. Führer zu den archäologischen Denkmälern in Deutschland 40, Stuttgart 2001, 92–101.

Zum Amphitheater allgemein:
Jean-Claude Golvin, L'Amphithéâtre romain. Essai sur la théorisation de sa forme et des ses fonctions. – Eckart Köhne, Cornelia Ewigleben (Hrsg.), Caesaren und Gladiatoren. Die Macht der Unterhaltung im antiken Rom. Mainz 2000. – Marcus Junkelmann, Das Spiel mit dem Tod. So kämpften Roms Gladiatoren. Mainz 2000

Die Barbarathermen

Felix Hettner, Zur Erklärung der Thermen in dem Vororte St. Barbara, in: Westdeutsche Zeitschrift 10, 1891, 261–284. – Daniel Krenker, in: Die Trierer Kaiserthermen. Trierer Grabungen und Forschungen I,1 Augsburg 1929 , 241–246. – Gottfried Kentenich, Eine frühmittelalterliche Kirche in den Barbarathermen, in: Trierer Zeitschrift 8, 1933, 58–62. Winfried Weber, Trier. Barabarathermen. Landesamt für Denkmalpflege Rheinland-Pfalz, Führungsheft 6, Mainz 1976. – Heinz Cüppers, Die Barbarathermen, in: Trier. Führer zu vor- und frühgeschichtlichen Denkmälern 32, Mainz 1977, 198–208. – Thomas Fontaine, Die Barbarathermen, in: Das römische Trier. Führer zu den archäologischen Denkmälern in Deutschland 40, Stuttgart 2001, 102–113.

Zu den Skulpturenfunden aus den Thermen:
Hubertus Manderscheid, Die Skulpturenausstattung der kaiserzeitlichen Thermenanlagen. Monumenta Artis Romanae 15, Berlin 1981, 68–69. – Klaus-Peter Goethert, Repliken der „Florentiner Niobiden" aus den Barbarathermen in Trier, in: Archäologisches Korrespondenzblatt 30, 2000, 437–444.

Zur Nutzung solcher Thermen allgemein:
Marga Weber, Antike Badekultur. München 1996. – Erika Brödner, Die römischen Thermen und das antike Badewesen. Eine kulturhistorische Betrachtung. 2. Aufl. Stuttgart 1997.

Die Thermen am Viehmarkt
Dominik Heinrich, Jürgen Maes, Johannes Michael Nebe, Der Viehmarkt im Brennpunkt von Planung und Interessen, Trier 1989. – Peter Hoffmann, Die Stadtentwicklung am römischen Forum in Trier. Ergebnisse und Fragen zu Datierung und Nutzung der sogenannten Thermen am Viehmarkt, in: Funde und Ausgrabungen im Bezirk Trier,30, 1998, 53–68. – Frank Unruh, Viehmarkt: Römische Thermen und moderner Schutzbau als Fenster in die Geschichte, in: Das römische Trier. Führer zu den Archäologischen Denkmälern in Deutschland 40, Stuttgart 2002, 223–239.

Die Kaiserthermen
Daniel Krencker, Emil Krüger, Die Trierer Kaiserthermen. Trierer Grabungen und Forschungen I,1. Augsburg 1929. – Wilhelm Reusch, Die Klosterkirche St. Agneten an der Weberbach (Nach Ausgrabungen von 1961), in: Kurtrierisches Jahrbuch 9, 1969, 105–128. – Ders., Die Ausgrabungen im Westteil der Trierer Kaiserthermen, in: Bericht der Römisch-Germanischen Kommission 51–52, 1970/1–1972, 233–282. – Ders., Die Ausgrabungen im Westteil der Trierer Kaiserthermen 1960–1966, in: Ausgrabungen in Deutschland 1, Mainz 1975, 461–469. – Ders., Die Kaiserthermen, in: Trier. Führer zu vor- und frühgeschichtlichen Denkmälern 32, Mainz 1977, 178–189. – Heinz Cüppers, Die Kaiserthermen in Trier. Zerstörung, Konservierung und Restaurierung. Trier Texte 5. Trier 1985. – Thomas Fontaine, Die Kaiserthermen, in: Das römische Trier. Führer zu den archäologischen Denkmälern in Deutschland 40, 122–134.

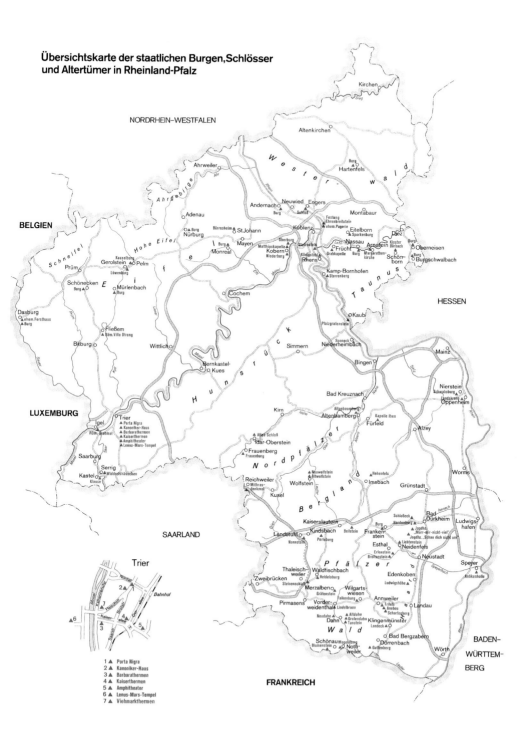

Übersichtskarte der staatlichen Burgen, Schlösser und Altertümer in Rheinland-Pfalz

NORDRHEIN–WESTFALEN

Kirchen

Altenkirchen

Ahrweiler

Burg
Hartenfels

Wester-
wald

Adenau

Andernach
Neuwied Engers
Burg Schloß

Montabaur

BELGIEN

Burg
Nürburg

Bürresheim
St. Johann

Koblenz

Festung
Ehrenbreitstein
ehem. Pagerie

Eitelborn
Sporkenburg

Diez

Burg
Oberneisen

Mayen
Oberburg
Matthiaskapelle
Kobern
Niederburg

Nassau
Grabkapelle

Arnstein
Burg
Kloster
Bärbach

Monreal

Klingelstein
Rhens

Margarethen-
kirche

Schön-
born

Burg
Burgschwalbach

Prüm

Kasselburg
Gerolstein Pelm
Löwenburg

Kamp-Bornhofen
Sterrenberg

Schönecken
Burg

Mürlenbach
Burg

Cochem

Taunus

HESSEN

Dasburg
ehem. Forsthaus
Burg

Fließem
Röm. Villa Otrang

Kaub

Pfalzgrafenstein

Bitburg

Wittlich

Simmern
Niederheimbach
Sponeck

Mainz

Bernkastel-
Kues

Bingen

Nierstein
Schwabsburg
Landskrone
Oppenheim

LUXEMBURG

Igel
Röm. Denkmal
Trier

Porta Nigra
Kanoniker-Haus
Barbarathermen
Kaisertermen
Amphitheater
Lenus-Mars-Tempel

Kirn

Altenbamberg
Ebernburg

Kapelle Iben
Fürfeld

Alzey

Worms

Saarburg

Serrig
Wilddersbäuschen

Kastel
Klause

Alter Schloß
Idar-Oberstein

Frauenberg
Frauenburg

Nordpfälzer

Reichweiler
Mithras-
denkmal

Wolfstein

Neuwolfstein
Altwolfstein

Hohenfels

Imsbach

Grünstadt

Kusel

Bergland

SAARLAND

Kaiserslautern

Kindsbach
Landstuhl Nonnstein Perlburg

Beilstein

Burg
Hardenburg

Schloßeck

Bad
Dürkheim

Ludwigs-
hafen

Franken-
stein

Jagdh.
„Marr-mir-nicht-viel"
Jagdh. „Schau dich nicht um"

Esthal

Lichtenstein
Neidenfels

Neustadt

Speyer

Erlenstein
Breitenstein

Pfälzer

Edenkoben

Antikenhalle

Thaleisch-
weiler

Waldfischbach
Heidelsburg

Ludwigshöhe

Zweibrücken
Steinenschloß

Merzalben
Gräfenstein

Wilgarts-
wiesen

Annweiler

Landau

Pirmasens

Vorder-
weidenthal
Lindelbrunn

Falkenburg

Trifels
Anebos
Scharfenberg

Wald

Neudahn
Dahn
Grafendahn
Tanstein

Klingenmünster

Landeck

Bad Bergzabern

Schönau
Blumenstein

Wegelnburg

Dörrenbach

Wörth

Noth-
weiler

Guttenberg

BADEN–
WÜRTTEM-
BERG

FRANKREICH

Trier

Nordbt

Bahnhof

Kaiser-

Ost

1 Porta Nigra
2 Kanoiker-Haus
3 Barbarathermen
4 Kaisertermen
5 Amphitheater
6 Lenus-Mars-Tempel
7 Viehmarktthermen